MÉMOIRES

RELATIFS A LA DISCUSSION

DU PRIVILÉGE

DE LA NOUVELLE COMPAGNIE

DES INDES.

par M. l'Abbé Morellet +

A AMSTERDAM,

ET SE TROUVE A PARIS,

Chez D E M O N V I L L E , Imprimeur - Libraire de l'Académie
Françoise., rue Chriftine.

M. DCC. LXXXVII.

MÉMOIRES

RELATIFS A LA DISCUSSION
DU PRIVILÉGE
DE LA NOUVELLE COMPAGNIE
DES INDES.

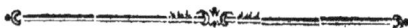

Les Députés des principales Villes du Royaume ont réclamé, dans un court *Mémoire* au Ministre, la liberté du commerce de l'Inde. Les Directeurs de la Compagnie (car ce font eux feuls, & non une Affemblée réguliere d'Actionnaires qui font ici en caufe) ont oppofé à ce Mémoire des *obfervations* affez étendues. Une *réplique* à ces obfervations devient néceffairement plus longue encore ; mais la caufe eft grande, & la juftice des Miniftres qui doivent la juger, ne veut qu'être inftruite & éclairée. On réunit ici les dernieres pieces du procès. On a diftingué par paragraphes les divers objets traités dans le *Mémoire* des Négocians &

A

dans les Obſervations correſpondantes des Adminiſtrateurs, & on a marqué du même numéro l'article de la réplique relatif à l'article des Obſervations. Il ſera par-là facile de ſuivre le même objet dans le Mémoire, dans les Obſervations, & dans la Réplique. Cependant, pour épargner au Lecteur la peine de recourir au texte des deux premieres pieces, on rappellera toujours en peu de mots, dans la Réplique, le fond de chaque article du Mémoire & des Obſervations.

En ſe livrant de nouveau à l'examen d'une queſtion agitée tant de fois, & qui ſembleroit devoir être depuis long-temps décidée pour l'Adminiſtration, comme elle l'eſt dans l'opinion publique, on ne craindra pas de donner quelque étendue à une diſcuſſion qui doit être la derniere. On n'omettra rien de ce qui peut la rendre complette, & on eſpere la préſenter d'une maniere aſſez claire, pour ne laiſſer plus aucun nuage ſur des vérités que l'intérêt ſeul des ennemis de la liberté du commerce s'efforce encore d'obſcurcir.

On doit ſeulement prévenir que le peu de temps qu'on a laiſſé aux Négocians députés des principales Villes du Royaume pour faire cette Réplique, ſollicite quelque indulgence pour leur travail. Ils avoient remis, dès le 10 Juin, aux Miniſtres un Mémoire fort court. La réponſe de la Compagnie ne leur a été rendue que le 4 Août : d'un autre côté, l'époque des préparatifs des expéditions pour l'Inde, ſi le Commerce doit recouvrer la liberté qu'il ſollicite, & qu'il eſpere, s'approche à grands pas. On a donc été forcé de mettre à ce travail moins de temps que l'importance de la matiere n'en demandoit naturellement.

Outre que ce défaut de temps n'a pas permis de donner à ce Mémoire une forme plus réguliere, un ordre plus fenfible, on a penfé que la queftion générale ayant été traitée de cette maniere dans les deux Mémoires de M. l'Abbé Morellet, en 1769, époque de la chûte de l'ancienne Compagnie, & récemment encore, d'après les mêmes principes, dans celui de M. de la Cretelle, il fuffiroit ici de répliquer directement & précifément au dernier Mémoire de MM. les Directeurs, pour leur Compagnie. La queftion doit être affurément regardée déformais comme inftruite des deux parts, fi jamais queftion d'adminiftration l'a été.

MÉMOIRE

Des Députés des principales Villes de Commerce du Royaume.

OBSERVATIONS

Des *Adminiftrateurs de la Compagnie des Indes.*

I.

L'intérêt public réclame la liberté du commerce de l'Inde. Le vœu de la Nation s'eft manifefté à l'Affemblée des Notables. Toutes les branches du Commerce ont befoin

I.

On convient fans peine que la liberté eft l'ame du Commerce ; mais il y a peu de principes généraux qui ne foient fufceptibles de quelques modifications. L'objet de ces obfervations eft de démontrer que le commerce de l'Inde fur-tout eft abfolument incompatible avec cette li-

A 2

de cette liberté ; les Ports & les principales Villes du Royaume viennent la solliciter.

berté indéfinie que réclament des gens peu instruits, ou guidés par des motifs d'intérêt particulier.

II.

Dans ce moment heureux, on n'a pas à combattre de faux principes ; on n'a pas à craindre les erreurs dans lesquelles l'intérêt particulier peut entraîner une administration incertaine.

II.

On n'entend pas trop ce que veulent dire les Auteurs du Mémoire, par les erreurs dans lesquelles l'intérêt particulier peut entraîner une administration incertaine. Ils affectent d'ignorer, quoiqu'ils le sachent très-bien, que le rétablissement du privilége de la Compagnie n'est pas l'ouvrage d'un seul homme; que depuis plus de dix ans, les Ministres de la Marine en ont reconnu la nécessité, & s'en sont successivement occupés ; que la derniere guerre en a seule retardé l'exécution; que la question a été traitée au Conseil du Roi ; en sorte que c'est en connoissance de cause que Sa Majesté a prononcé que la liberté ne pouvoit qu'accélérer l'anéantissement du commerce de l'Inde.

III.

Des Écrivains désintéressés ont découvert l'abus des priviléges de l'ancienne & de

III.

Des Écrivains peu au fait de la question ont travaillé d'après les matériaux qui leur ont été fournis, & qui respirent la passion & l'intérêt *la nouvelle Compagnie des Indes. Ils ont tout dit ; ils ont convaincu les bons efprits.*

perfonnel. Calculs erronés, fophif-mes, fauffes fuppofitions, tout à été mis en œuvre pour fe conformer aux intentions de ceux qui em-ployoient leur plume, & voilà ce qu'on appelle des Ecrivains défin-téreffés.

I V.

I V.

L'expérience a dé-montré les vérités qu'ils ont annoncées.

Comment peut-on fe permettre de dire que *l'expérience a démontré les vérités annoncées?* L'expérience ne s'acquiert que par les faits ; & , à proprement parler, il n'y en a point encore. On ne peut juger les opérations de la Compagnie, qu'en les comparant à celles du commerce particulier. De ce côté, fans doute, il y a des faits, & il eft aifé de démontrer combien ils font peu favorables au fyftême de liberté qu'on réclame pour cette branche de commerce ; mais du côté de la Compagnie, il n'y a que des difpofitions.

Les retours de cette année ne peuvent encore affeoir cette comparaifon fur des bafes juftes, puifque la Compa-gnie s'eft trouvée dans fes achats en concurrence avec les particuliers, & que fes Agens ont eu la délicateffe de ne point traverfer leurs opérations ; ce qu'il leur eût été aifé de faire avec la maffe de fonds qu'ils avoient à leur difpofition.

Ce fera par les retours de l'année prochaine, & de celles qui la fuivront, que le Gouvernement pourra connoître la différence qui fe trouve entre des expéditions régulieres &

vraiment nationales, puifqu'il n'y fera employé que des fonds fournis par les Sujets du Roi , & des opérations foibles & ifolées, dont les Armateurs ne font, pour la plupart, que les prête-noms des étrangers.

V.

Elle a prouvé que la liberté du Commerce étoit néceffaire à l'Agriculture , à l'Induftrie & à la Navigation ; elle a prouvé encore que le privilége exclufif defféchoit les fources des richeffes.

V.

On a déjà dit que l'on convenoit de ce principe , mais qu'il n'étoit pas applicable au commerce de l'Inde. Voici les raifons de cette différence.

Tout commerce dans lequel les Sujets du Roi font refpectivement acheteurs & vendeurs , foit qu'il fe faffe dans l'intérieur du Royaume , foit qu'il ait pour objet les Colonies qui en dépendent , eft fans doute compatible avec la liberté. L'échange des denrées eft, en ce cas, de néceffité abfolue ; & en fuppofant que quelque fauffe combinaifon donne de la perte d'un côté, communément le bénéfice fe trouve de l'autre.

Si , par exemple , les Négocians de France envoyent dans les Colonies Françoifes de l'Amérique une trop grande quantité de marchandifes de même efpece, elles y baiffent de prix, & il en peut réfulter de la perte pour eux ; mais alors les Colons y trouvent du bénéfice ; & comme ils font également fujets du Roi, il n'y a point de perte réelle pour la Nation.

Il n'en eft pas de même du commerce de l'Inde ; s'il étoit

borné à un échange avec les Colons qui habitent le peu d'é-
tabliffemens que nous avons dans cette partie du monde, il
ne feroit rien, & ne mériteroit pas le nom de commerce.

La majeure partie des denrées exportées d'Europe pour
cette deftination, doit donc être confommée par des étrangers Européens ou Indiens. Or notre Commerce ayant à
lutter contre la concurrence des autres Nations européennes, il s'enfuit la néceffité d'un affortiment régulier, choifi
avec la plus grande attention, & proportionné aux confommations de chaque efpece de marchandifes. Si ces pro-
portions ne font pas obfervées, les Sujets du Roi, établis dans l'Inde, feront obligés d'acheter des étrangers les
articles dont ils ne trouveront pas à fe pourvoir dans les cargaifons Françoifes. Les objets trop abondans ne feront pas
vendus ou le feront mal ; le Négociant qui aura fait une
fauffe fpéculation, fera privé d'une partie des moyens deftinés
à fes retours. Les capitaliftes qui lui auront confié des fonds,
éprouveront une perte réelle, & elle fera encore augmentée
par le retard qu'apporteront à la reddition des comptes les
marchandifes qui refteront invendues dans l'Inde.

Il en eft de même des marchandifes de retour qui doivent être importées dans le Royaume. Pour que les acheteurs foient affidus aux ventes, il faut qu'ils aient la certitude d'y trouver un affortiment complet de tous les articles
propres au befoin & au goût des confommateurs.

Il faut donc que chaque Armateur donne des ordres pour
acheter de préférence celles dont le débit fera fûr, & alors
il s'éleve néceffairement entre eux une concurrence qui fait
hauffer dans l'Inde le prix de la marchandife. Ils fe nuifent
refpectivement ; le capitalifte qui a fourni fes fonds, en eft

encore la victime, & le dommage qui résulte de ces fausses combinaisons, tourne entierement à l'avantage des Indiens ou des Anglois, qui, propriétaires de la plupart des établissemens d'où se tirent les marchandises, savent bien faire leur profit de la concurrence & de la rivalité réciproque des Armateurs. Telle est la marche indispensable des expéditions isolées que fait le Commerce particulier ; & c'est bien ici que l'on peut appliquer ce que disent les Auteurs du Mémoire, que l'expérience a démontré ces vérités. Qu'on la compare maintenant avec celle que fait une Compagnie autorisée & privilégiée par le Gouvernement.

La quantité des productions du sol ou de l'industrie du Royaume, qu'elle porte dans l'Inde, est réglée d'abord sur les besoins des Sujets du Roi, qui habitent les établissemens nationaux, & ensuite sur la facilité qu'ont ses agens de placer le surplus, soit chez les Indiens, soit chez les autres Nations Européennes qui y sont établies. Pour obtenir l'avantage à cet égard, il est nécessaire que les marchandises exportées d'Europe soient de la meilleure qualité, & de nature à obtenir, autant qu'il sera possible, la préférence sur celles qui sont exportées par les autres Nations qui fréquentent les mêmes établissemens.

Une correspondance réguliere & suivie met la Compagnie à portée d'être continuellement instruite de la nature des objets dont le débouché est le plus facile ; & si quelques révolutions subites dérangent les spéculations & empêchent la vente de quelques parties de ses cargaisons, ses agens gardent les objets invendus, jusqu'à des circonstances plus favorables ; mais la spéculation de ses retours n'en est point dérangée. Ayant toujours des fonds d'avance dans l'Inde,

l'Inde, y jouiffant néceffairement d'un crédit que lui pro-
cure fa confiftance fixe & invariable, elle eft toujours sûre
d'importer dans le Royaume tout ce qui eft néceffaire à fa
confommation.

Les Adminiftrateurs qui dirigent en France fes opérations, connoiffent, par l'expérience des ventes, les quantités & les qualités qu'ils doivent faire venir ; ils reglent
leurs demandes en conféquence. Des agens établis dans
tous les comptoirs traitent directement avec les Fabricans
du pays ; ils ont le temps néceffaire pour vérifier & affortir
les marchandifes qui leur font livrées, & rejettent tout ce qui
fe trouve inférieur aux demandes qui leur ont été faites
d'Europe. Les vaiffeaux qui viennent prendre des cargaifons,
les trouvant préparées, font un féjour moins long dans
l'Inde ; les ventes font réglées à des époques fixes; les acheteurs s'y rendent avec confiance, parce qu'ils font certains
d'y trouver les affortimens néceffaires à leur commerce, &
l'on ne verra plus les Négocians françois, au mépris des
lois prohibitives, aller acheter aux ventes des Compagnies
étrangeres, des articles qu'ils ne peuvent introduire dans
le Royaume qu'en contrebande.

On obferve à ce fujet, qu'à la derniere vente de Londres, il y avoit onze Maifons Françoifes au rang des acheteurs, fans compter celles qui fe font fervies de Commiffionnaires Anglois.

Or on le demande à tout homme impartial, fi une expérience de quinze années a prouvé que le Commerce de l'Inde
ne pouvoit fubfifter fous le régime de la liberté, fi les opérations du commerce particulier, pendant cet efpace de
temps, n'ont été, pour la majeure partie, que des fpécula-

tions d'affretement, pour rapporter à l'Orient des cargaisons appartenantes aux étrangers, qui tiroient tout le bénéfice de ces ventes, est-ce là un commerce national ?

N'est-il pas juste d'attendre que, par une suite d'expéditions régulieres, la Compagnie ait démontré qu'elle est en état d'approvisionner le Royaume , & de procurer aux productions du sol & de l'industrie un débouché sûr de tous les objets qui pourront se consommer dans l'Inde ?

V I.

V I.

L'Etat a fait à la nouvelle Compagnie des Indes des sacrifices énormes.

Des possessions importantes lui ont été abandonnées.

Quelles sont donc ces possessions importantes abandonnées à la Compagnie ? En Europe , elles se bornent à la jouissance des magasins & établissemens de l'ancienne Compagnie à l'Orient, dont le commerce particulier a joui lui-même pendant la suspension du privilége.

Dans l'Inde, la Compagnie n'a également que le droit de jouir des magasins & emplacemens de l'ancienne Compagnie , qui ne sont pas nécessaires au service du Roi.

Personne n'ignore que le département de la Marine s'est réservé tous les établissemens auxquels il y a quelques revenus attachés , & a refusé de se charger de quelques petits Comptoirs de Bengale, qui peuvent être utiles au Commerce de la Compagnie , mais qui n'ont ni territoire ni produit, & qui par conséquent sont purement onéreux.

V I I.

Des droits confidé-
rables ont été suppri-
més en sa faveur.

Le droit d'indult a été supprimé,
& cela étoit juste, puisque la nouvelle Compagnie a été subrogée à
tous les droits & priviléges de l'an-
cienne Compagnie, qui n'y étoit pas assujettie ; elle ne jouit
pas même de tous les droits de l'ancienne, puisqu'on n'a pas
rétabli en sa faveur les gratifications accordées ci-devant sur
chaque tonneau d'importation & d'exportation.

Mais en examinant avec attention l'effet de la suppression du droit d'indult, il est aisé de voir que c'est moins une
grace accordée à la Compagnie, qu'un soulagement pour les
Fabriques du Royaume, qui employent comme matieres premieres les marchandises de l'Inde, & pour les sujets du Roi
qui les consomment.

Le prix de vente s'établit, non seulement d'après celui
d'achat, mais encore d'après le payement de tous les frais
& droits. Le moyen de faire baisser en Europe les marchandises de l'Inde, étoit donc de les affranchir de tous droits ;
c'est d'ailleurs la seule voie à employer pour dérouter la
contrebande, & empêcher l'étranger de continuer à approvisionner le Royaume, comme il a constamment fait depuis
la suspension de l'ancienne Compagnie, malgré toutes les
lois prohibitives du commerce libre.

V I I I.

Le fifc lui garantit les pertes que les événemens, le hafard, ou les circonfiances peuvent lui faire éprouver dans fon commerce.

La garantie des pertes eft fondée fur une circonftance particuliere dont les détails doivent être développés.

Quoique le dernier traité de paix eût ftipulé en faveur de la France un commerce libre, sûr & indépendant dans l'Inde, l'expérience n'avoit que trop appris combien les Anglois font difpofés à abufer de leur puiffance, foit en agiffant ouvertement, foit en faifant mouvoir à leur gré les fimulacres de Souverains qu'ils ont confervés pour leurs vues particulieres.

Il étoit à craindre que, jaloux du rétabliffement d'une Compagnie qui a eu autrefois une grande confiftance, & qui peut procurer au Gouvernement des relations avec les Princes Indiens, qui, pour la plupart, fouffrent impatiemment leur domination, ils ne continuaffent les vexations qu'ils avoient conftamment exercées contre le commerce particulier, foit en traverfant leurs opérations, foit en défendant aux Fabricans de livrer aucunes marchandifes, jufqu'à ce que leurs cargaifons fuffent complettes.

L'ancienne Compagnie a d'ailleurs laiffé dans la majeure partie des Comptoirs du Bengale, des dettes pour lefquelles il étoit poffible que les fonds que la nouvelle Compagnie y deftineroit à fes achats, fuffent faifis.

Tous ces motifs avoient fait penfer que le parti le plus sûr pour une Compagnie purement mercantile, étoit de faire une convention, par laquelle la Compagnie Angloife s'obligeroit de lui fournir annuellement une certaine quantité de marchandifes du Bengale ; & lors de l'établiffement de la Compagnie, les Adminiftrateurs avoient préfenté cet expédient comme le feul qui pût diffiper leurs inquiétudes fur les fonds qu'ils enverroient dans cette partie de l'Inde.

Le Confeil du Roi crut devoir examiner cette propofition, qui, fous certains rapports, pouvoit compromettre la dignité de la Nation ; & néanmoins, pour engager la Compagnie à commencer fans délai fes opérations, il a été ftipulé par l'art. 6 des art. préliminaires arrêtés au Confeil le 27 Février 1785, que, « dans le cas où ladite Compagnie ne pourroit réuffir à prendre avec la Compagnie Angloife les arrangemens de commerce qu'elle a projetés, Sa Majefté confent & promet de l'indemnifer de toutes pertes excédantes dix pour cent fur les capitaux que pouvoient occafionner les diverfes expéditions qu'elle feroit dans les deux premieres années de fon privilége, &c. »

Le cas prévu par cet article eft arrivé; le Gouvernement n'a pas cru devoir ratifier la convention projetée entre les deux Compagnies, & elle eft reftée fans exécution. Néanmoins, d'après les inftructions que les Adminiftrateurs ont données à leurs agens au Bengale; & à en juger par le bon affortiment de la premiere cargaifon qui vient d'arriver fur le *Miroménil*, tout porte à croire que la Compagnie parviendra à furmonter les entraves que les Anglois voudroient mettre à fon commerce; & qu'ainfi, elle ne fera pas dans le cas de réclamer l'indemnité qui lui a été promife. Au furplus, cette faveur, comme on le voit par le texte de l'article tranfcrit ci-deffus, ne lui eft accordée que pour les deux premieres années de fon privilége, qui font déjà expirées. Ainfi, la Compagnie n'eft plus dans le cas de la réclamer.

I X.

Les productions de notre territoire & de nos Manufactures ne fervent plus d'échange dans les Marchés d'Afie.

I X.

Rien ne prouve mieux la fauffeté de ce reproche, que le tableau des deux premieres expéditions que les Adminiftrateurs ont remis au Miniftre des Finances. A la vérité, la Compagnie n'envoie dans chaque genre que les quantités néceffaires aux confommations ; & malgré fon attention à cet égard, les lettres qu'elle vient de recevoir de fes agens au Bengale, lui annoncent qu'elle a forcé fes envois fur plufieurs articles qu'ils font obligés de garder en magafin faute de débouché ; & dont une partie peut effuyer des pertes, par la chaleur du climat & la quantité d'infectes deftructeurs dont les magafins font remplis.

X.

Notre induftrie a été mife fous le joug des convenances de cette affociation privilégiée, qui n'a préfenté à fes ventes que des quantités infuffifantes de marchandifes, dont

X.

Tous ces reproches accumulés ne font pas plus fondés que celui auquel on vient de répondre, & ils feront détruits auffi facilement.

Pour accufer d'infuffifance les ventes faites par la Compagnie, il faut attendre qu'elles foient formées des marchandifes qu'elle aura fait

elle à été même se pourvoir dans les magasins des Compagnies étrangeres ; qui a abusé des besoins de nos Fabriques, & qui n'a pas craint de retenir & de ne pas délivrer des matieres premieres, dont le prix, quoique fort élevé, n'avoit pas atteint à l'enchere le surhauffement qu'elle prétendoit.

venir de l'Inde; encore les retours de cette année ne peuvent-ils rien prouver, puisque, comme on l'a observé plus haut, les agens de la Compagnie ont laissé au commerce particulier, qui achetoit en concurrence avec eux, toute facilité pour rapporter en Europe le produit des fonds qu'il prétendoit avoir dans l'Inde.

Ce sont les ventes qui suivront celles de cette année, qui démontreront que la Compagnie aura rendu au commerce de l'Inde la consistance qu'il doit avoir ; qu'elle l'aura fait pour le compte de la Nation, avec les fonds des Actionnaires, & qu'elle ne convertira pas ses expéditions en simples opérations de courtage ou d'affretement, pour l'avantage de nos rivaux.

Il est donc de toute justice d'attendre ces résultats, pour prononcer en connoissance de cause sur l'avantage ou l'inconvénient du privilége accordé à la Compagnie. Les Administrateurs ont déjà eu occasion de rendre compte des motifs qui les avoient obligés à faire acheter aux ventes étrangeres les marchandises nécessaires à l'aliment des Manufactures nationales & à la consommation du Royaume : mais pour ne rien laisser à désirer sur cet objet, on ne peut se dispenser de les retracer ici.

Par un arrêt du Conseil du 10 juillet 1785, le Roi avoit renouvelé les défenses d'introduire des mousselines,

& interdit l'entrée de toutes les toiles de coton étrangeres, autres que celles qui seroient importées de l'Inde pour le commerce national.

Mais comme les expéditions du commerce libre n'étoient ni suffisantes ni assorties aux besoins de la consommation ; comme c'étoit sous son régime que des maisons puissantes avoient établi des Manufactures & des Magasins aux portes du Royaume, où les marchandises étoient publiquement introduites, & que cette contrebande ne pouvoit cesser qu'autant que la Nation seroit approvisionnée par un commerce direct, les Administrateurs de la Compagnie des Indes furent chargés par le Ministere, en attendant leurs retours, qui ne pouvoient commencer à arriver qu'en 1787, d'y suppléer par des achats faits aux ventes étrangeres en Europe. On jugea avec raison qu'en écartant de ces marchés la concurrence des Négocians, qui n'étoient dans l'usage de s'y approvisionner que pour introduire ces marchandises dans le Royaume, malgré les lois prohibitives, on diminueroit la contrebande ; que les marchandises y baisseroient de prix, & que le principal avantage de cette opération seroit en faveur des sujets du Roi, qui les emploient ou les consomment.

Au surplus, ces achats n'ont monté qu'à 10,774,163 l. ; somme bien inférieure à la valeur des marchandises introduites, soit en fraude, soit en vertu des passe-ports que la Compagnie a été autorisée à délivrer : ce dernier article seul, qui sans doute n'est pas le plus considérable, a fait entrer dans le Royaume 216,637 pieces.

Cette disposition cependant n'étoit que momentanée. Dès que les Administrateurs ont été instruits des opérations

faites

faites dans l'Inde , pour leur envoyer des retours , qui , joints à ceux que le Commerce particulier attend cette année , suffiroient à la consommation du Royaume, ils ont fait cesser tout achat chez l'étranger , & rappelé leurs agens.

Le reproche qu'on leur fait à cet égard est donc aujourd'hui absolument sans objet : on passe à l'examen des autres.

On accuse la Compagnie d'avoir abusé des besoins des Fabriques , & de n'avoir pas craint de retenir des matieres premieres , dont le prix, quoique fort élevé, n'avoit pas atteint à l'enchere le surhaussement qu'elle prétendoit.

Voilà encore un reproche démenti par le fait de quatre-vingts Négocians au moins , qui ont assisté à la derniere vente de l'Orient; il n'en est aucun qui n'ait témoigné publiquement sa satisfaction, & tous ont offert, de leur propre mouvement, d'en donner le certificat le plus authentique. Si les Administrateurs eussent pu prévoir que leur conduite à cet égard seroit un jour inculpée, ils se seroient munis de cette piece qui les justifieroit sans aucune réplique; mais le fait n'en est pas moins exact & facile à vérifier.

X I.

Le commerce maritime n'a plus trouvé l'emploi de ses gros vaisseaux ; il est obligé de les vendre à perte aux étrangers qui veulent bien les venir prendre dans nos ports.

XI.

La Compagnie a cherché à procurer au commerce particulier l'emploi de ces gros vaisseaux que l'on annonce dans le Mémoire ; elle a proposé dans tous les ports du royaume de prendre à fret ceux qui seroient propres à son service ; toutes ses recherches & ses démarches à

C

cet égard ont été inutiles. Il n'eſt donc pas vrai qu'il ſoit obligé de les vendre à perte aux étrangers.

X I I.

Nos ſpéculateurs ont été ſe mettre ſous la protection des Puiſſances étrangeres ; ſous le pavillon & avec les Sujets de nos rivaux, ils font leur commerce; & ils entretiennent leurs relations dans l'Inde.

Ces inconvéniens ſont majeurs ; les maux qui en réſultent s'aggravent tous les jours ; en les dénonçant à un Miniſtere éclairé, on doit en attendre la fin avec confiance.

Cette fin ne ſauroit être trop prochaine pour l'intérêt de l'Etat, & pour la proſpérité de la Nation.

X I I.

Dès avant le rétabliſſement du privilége de la Compagnie des Indes, pluſieurs Négocians, du port de Marſeille ſur-tout, avoient formé, avec des étrangers, des aſſociations pour le commerce de l'Inde. Ce ſont les mêmes opérations qu'ils cherchent à continuer, en empruntant un pavillon étranger, & en y deſtinant ces mêmes bâtimens, dont ils ſe prétendent embarraſſés. Ils les arment dans nos ports ſous ce pavillon, avec le projet de faire leurs retours dans un port étranger, voiſin de nos côtes, & de faire entrer en fraude dans le Royaume les marchandiſes qui proviendront de ces armemens illicites.

Tous ces lieux communs ſe trouvent appréciés par ce qui a été dit ci-devant ſur le fond de la queſtion.

X I I I.

La ſuppreſſion du

X I I I.

Il faut être étrangement aveuglé

privilége de la Compagnie, en rendant au commerce une liberté précieuse, ne sauroit avoir de fâcheuses conséquences, ni en Politique, ni en Finances, ni en Justice.

En Politique! Dans la position actuelle de l'Inde, les moyens divisés des particuliers peuvent servir plus utilement les vues du Gouvernement, que les moyens réunis & impuissans d'une petite masse.

par la passion ou l'intérêt, pour se permettre de tenir un pareil langage.

Qui croira jamais que des vaisseaux particuliers, isolés, pourront servir les vues du Gouvernement, relativement à la *Politique*, de préférence à une Compagnie solide & puissante, dont les moyens & les opérations excedent certainement ceux du commerce particulier, qui entretient constamment dans l'Inde des agens prêts à profiter de toutes les circonstances favorables au commerce de la Nation.

On appelle une *petite masse*, une Compagnie dont les fonds font de 40 millions effectifs, & qui peut encore y ajouter, par les reffources du crédit que fa conftitution la met en état de fe procurer, tant en Europe que dans l'Inde. Il s'en faut bien que les moyens des particuliers fe foient jamais élevés jufques-là, & ils auroient été encore bien inférieurs, fi, en prêtant leurs noms & leurs vaiffeaux aux étrangers, ils n'avoient pas pris le parti de facrifier le commerce national à leur avidité ou à leur impuiffance.

X I V.

En finance, *le cré-*

X I V.

Sans doute le fonds des actions

dit national ne sauroit
être altéré par la sup-
pression ; le fonds des
actions existe ; il a dû
même être augmenté
par des bénéfices ; il n'y
a pas à craindre de com-
motions en ce moment.
Le prix des actions est,
dans la circulation, au
niveau de leur valeur
intrinseque ; le moindre
délai peut donner de
l'espoir , & une con-
fiance mal combinée ne
manqueroit pas d'ex-
citer un jeu qui mettroit hors de mesure le prix des actions d'un
privilége exorbitant.

existe , & les Administrateurs ont
assez de confiance dans leurs opérations, pour convenir qu'il sera même
augmenté par des bénéfices. S'il en
étoit autrement , ils auroient mal
géré ; & en conservant le régime , il
faudroit en changer les agens.

Mais il ne s'agit point ici de cal-
culer le rapport qu'il peut y avoir
entre une bonne administration & la
valeur des actions qui sont en circulation ; personne n'ignore que les
accaparemens dont on s'est plaint ,
n'avoient aucune liaison avec les
opérations de la Compagnie.

X V.

En justice , les res-
sources que fournit un
commerce libre , les se-
cours que le Roi peut
en exiger, sont bien
capables de pourvoir à
tout.

X V.

S'il est question de justice , elle
est dans le maintien d'un privilége
sous la foi duquel les Actionnaires
ont livré leurs fonds avec confiance.

Elle est dans la nécessité d'attendre que l'expérience ait démontré le régime qu'il convient d'adopter irrévocablement pour le commerce de l'Inde.

RÉPLIQUE
AUX OBSERVATIONS
DES ADMINISTRATEURS
DE LA COMPAGNIE DES INDES,

Sur le Mémoire des Députés des principales Villes du Royaume, contre le privilége exclusif accordé à cette Compagnie.

I.

Dans le premier article de leur Mémoire, les Négocians députés des principales villes de Commerce & Ports du Royaume, réclament la liberté du commerce de l'Inde, d'après l'intérêt public, & le befoin que le Commerce a de liberté; d'après le vœu de la Nation, manifeftée dans l'Affemblée des Notables, & d'après celui des principales villes du Royaume, réunies pour la folliciter.

MM. les Directeurs répondent bien légerement à ces trois argumens, auffi laconiques que preffans.

Ils conviennent fans peine, difent-ils, que la liberté eft l'ame du commerce; mais, ajoutent-ils, il y a peu de principes généraux qui ne foient fufceptibles de quelques modifications.

Il nous fuffira d'obferver que c'eft ainfi qu'on a toujours

défendu les abus les plus crians. Il n'y a point de vice dans
l'administration d'un grand Etat, point de mauvaise opération qui ne soit proscrite par quelque principe général connu
des gens éclairés & justes; mais c'est la pratique constante
des fauteurs de ces abus, & sur-tout de ceux à qui ils sont
utiles, de convenir que le principe qu'on leur oppose est
clair, incontestable en lui-même, mais de soutenir en même
temps qu'il n'est pas général, & qu'il y a des raisons de le
modifier & de le restreindre en leur faveur. Cette seule réflexion suffit pour faire sentir l'insuffisance d'une réponse
si vague, qui peut s'employer également bien pour défendre la plus mauvaise cause.

On peut dire aux partisans de ces exceptions, qu'au moins
devroient-ils en prouver la nécessité aussi clairement qu'on
leur prouve celle du principe général, dont ils conviennent eux-mêmes, & c'est ce qu'ils ne font jamais.

Dans le cas dont il s'agit ici, les défenseurs du privilége
exclusif de la Compagnie des Indes ne nous prouvent certainement pas aussi clairement qu'il est impossible de faire
le commerce de l'Inde sans Compagnie exclusive, aussi clairement, dis-je, qu'il est prouvé que le commerce a besoin
de liberté; &, comme disent les Directeurs eux-mêmes,
que la liberté est l'ame du Commerce. Leur réponse est donc
insuffisante sur ce premier chef.

L'Observateur ne répond pas mieux à l'argument tiré *du*
vœu de la Nation, manifesté à l'assemblée des Notables, & de
celui des ports & des principales villes du Royaume, en faveur
de la liberté : car est-ce répondre, que de dire que la liberté
n'est réclamée que par des gens *peu instruits, ou guidés par*
des motifs d'intérêt particulier ? Il est au moins indécent de

taxer d'ignorance les Bureaux des Notables, & ridicule de prétendre qu'aucun intérêt particulier ait pu dicter leur décifion ; & quant aux Commerçans des ports & des principales villes du Royaume, fans doute ils en favent bien autant, en matiere de commerce, que les Adminiftrateurs de la Compagnie ; & s'ils ont un intérêt à ce qu'on rende la liberté au Commerce, c'eft un intérêt bien légitime, un intérêt *général*, qui leur eft commun avec tous les Négocians leurs confreres, & tous les Citoyens du Royaume ; au lieu que l'intérêt que MM. les Directeurs ont à défendre le privilége, eft vraiment leur intérêt *particulier*, qui fe trouve en oppofition avec l'intérêt de tout le refte de la Nation. Combien eft mal-adroit le Rédacteur des Obfervations, qui accufe d'intérêt particulier les ennemis d'un privilége, dont l'effence eft d'être établi pour l'intérêt particulier, & d'avoir pour ennemi conftant l'intérêt général.

I I.

Les Négocians difent, qu'heureufement pour le Commerce, en réclamant aujourd'hui la liberté, ils n'ont pas à combattre de faux principes, ni à craindre les erreurs dans lefquelles l'intérêt particulier peut entraîner une adminiftration incertaine.

L'Obfervateur feint de ne pas entendre cela. On le lui expliquera donc tout fimplement, en lui difant que M. de C. . . n'ayant pas des principes d'adminiftration bien arrêtés, a pu être entraîné par l'intérêt particulier, toujours actif & toujours adroit auprès des Miniftres, à établir une nouvelle Compagnie des Indes : cela eft-il clair ?

Cette explication, au reste, n'étoit pas néceffaire à l'Obfervateur, qui nous montre lui-même qu'il a très-bien entendu l'objection, lorfqu'il y répond que nous favons tous que l'établiffement de la Compagnie n'eft pas l'ouvrage d'un feul homme. Mais c'eft au contraire un fait public, que cet établiffement a été l'ouvrage du feul Miniftre de la Finance.

Pour combattre ce fait, l'Obfervateur prétend que, depuis plus de dix ans, les Miniftres de la Marine ont reconnu la néceffité d'une Compagnie, & que la derniere guerre a feule retardé l'exécution de leur projet.

Mais les affertions de l'Obfervateur ne font pas des preuves, & il eft faux que les Miniftres de la Marine aient reconnu la néceffité de rétablir la Compagnie des Indes. Depuis la deftruction de la Compagnie ancienne, en 1769, jufqu'à la guerre, il y a eu plus de temps qu'il n'en falloit pour en établir une nouvelle, fi elle eût été regardée comme néceffaire. L'Obfervateur dit que c'eft la guerre feule qui en a empêché ; mais avant la guerre, il y a eu neuf ans de paix, pendant lefquels on n'a point rétabli la Compagnie.

Quant à ce qu'il ajoute, que la queftion a été traitée au *Confeil du Roi, & qu'ainfi c'eft en connoiffance de caufe que Sa Majefté a prononcé que la liberté ne pouvoit qu'accélérer l'anéantiffement du commerce de l'Inde.* C'eft prendre fes Lecteurs pour des enfans, que de leur faire de pareils argumens, puifqu'il eft aifé de lui répondre que c'eft en bien plus grande connoiffance de caufe qu'en 1769, après un an de difcuffion, la queftion a été décidée au Confeil du Roi, & que

Sa

Sa Majefté a prononcé, que, pour conferver le commerce de l'Inde, il falloit lui rendre la liberté.

I I I.

Les Négocians, dans leur Mémoire, difoient que des Ecrivains défintéreffés avoient prouvé l'abus des priviléges de commerce, & notamment de celui de l'ancienne & de la nouvelle Compagnie.

L'Obfervateur répond, que ces Ecrivains, peu au fait de la queftion, ont travaillé d'après les matériaux qui leur ont été fournis, & qui refpirent la paffion & l'intérêt perfonnel, & qu'ils ont mis en œuvre calculs erronés, fophifmes, fauf-fes fuppofitions, pour fe conformer aux intentions de ceux qui les employoient.

On demandera à l'Obfervateur d'après quoi il veut que des Ecrivains travaillent, fi ce n'eft d'après les matériaux qui leur font fournis? Lorfqu'en 1769, la queftion a été dif-cutée, les matériaux fournis à l'Ecrivain qui l'a traitée avec le plus d'étendue, lui ont été remis par le Miniftre & par le Magiftrat, Commiffaire du Roi dans l'adminiftration de la Compagnie. Pouvoit-on les tirer d'une meilleure fource. Ces matériaux étoient le bilan de la Compagnie, l'état de ce qu'elle avoit coûté au Roi & à la Nation, depuis fon établif-fement, divers renfeignemens relatifs à la maniere dont fe fait le commerce de l'Inde, divers Mémoires de particuliers inftruits, les uns favorables, les autres contraires à la Compa-gnie. En pouvoit-on avoir de meilleurs?

Quant aux vues d'intérêt qu'on prête fi gratuitement aux Ecrivains qui ont combattu fi fortement le privilége de

D

là Compagnie , & aux adminiſtrateurs qui ont concouru à
ſa deſtruction , il faudroit avoir des preuves de cette imputation , pour l'alléguer. Cet intérêt prétendu n'a laiſſé après
lui aucune trace. On ne voit pas trop quel intérêt particulier un Ecrivain ou même un Adminiſtrateur peuvent avoir
à permettre que chacun employe à ſon gré ſes moyens & ſon
induſtrie. Mais on entend fort bien comment ils peuvent
trouver quelques avantages particuliers à accorder ou à juſ-
tifier un privilége. En un mot , il eſt poſſible qu'on paye un
privilége ; mais à défendre la cauſe de la liberté , il n'y a
rien à gagner. Enfin , il s'agit toujours de ſavoir ſi les pa-
trons de la liberté du commerce l'ont défendue par de bonnes raiſons. On n'a pas prouvé juſqu'à préſent ce qu'avance
l'Obſervateur , que leurs calculs fuſſent erronés , ni leurs
raiſonnemens des ſophiſmes ; & comme ces calculs & ces
raiſonnemens vont ſe retrouver ici , les Lecteurs en jugeront.

I V.

Nous trouvons dans ce paragraphe deux propoſitions à
diſcuter ; l'une eſt l'aſſertion que font MM. les Directeurs ,
que l'expérience de quinze années , depuis la deſtruction de
l'ancienne Compagnie , « a prouvé que le commerce de
» l'Inde ne peut ſubſiſter ſous le régime de la liberté.

» L'autre , qu'il faut attendre juſqu'à l'année prochaine &
» aux ſuivantes , pour connoître la différence d'expéditions
» régulieres & vraiment nationales d'une Compagnie , d'a-
» vec les opérations foibles & iſolées des Armateurs parti-
» culiers, parce que l'expérience, diſent-ils dogmatique-
» ment, ne s'acquiert que par les faits, & qu'il n'y a point

» encore affez de faits d'après lefquels on puiffe juger les opé-
» rations de la Compagnie ».

Difcutons d'abord l'expérience faite pendant les quinze
années de liberté. Cette difcuffion n'eft que celle d'un fait.

On nie que le commerce libre ait fourni au commerce
de l'Inde des capitaux, des vaiffeaux, des hommes, & qu'il
ait rapporté de l'Inde de quoi couvrir fes dépenfes & approvifionner le Royaume. Voici une réponfe directe à cette
allégation.

É T A T

*Du nombre & du port des vaiffeaux armés par le commerce libre
pour l'Inde & la Chine, depuis la fufpenfion ou fuppreffion du
privilége de l'ancienne Compagnie en 1769, jufqu'à l'établiffement de la nouvelle en 1785.*

Ledit Etat remis au Miniftre, & certifié véritable par les Officiers
publics.

	Vaif.	Tonn.
A l'Orient.	195.	87335.
A Saint - Malo.	19.	7720.
A Marfeille.	37.	12950.
A Bordeaux.	33.	14720.
A Nantes.	16.	6150.
A la Rochelle, Rochefort, &c.	18.	9280.
Au Havre, Honfleur, &c.	3.	850.
A Breft, Vannes, &c.	4.	3555.
Aux Indes.	15.	6585.
TOTAL.	340.	148,945
Année moyenne.	21.	9309

Quelques obfervations donnent à ce réfultat encore plus de force pour montrer l'activité du commerce libre dans ce même genre d'entreprifes qu'on prétend lui être impoffibles.

La premiere eft que cet état ne peut pas être encore regardé comme complet, parce que, de tous les ports du Royaume, il y a eu des expéditions, fur-tout en temps de guerre, fous pavillons neutres, & dans des ports neutres; d'autres faites dans l'Inde même, mais toujeurs par le commerce libre; d'autres enfin dont les vaiffeaux, reftés dans l'Inde ou revenus en Europe, ont été déchargés dans des ports neutres, & qui, par ces diverfes raifons, ne fe trouvent pas dans les états qu'on a dépouillés, pour en former l'état général.

Notre feconde obfervation fera, que dans cet efpace de temps fe trouvent comprifes, 1°. les premieres années des effais de la liberté rendue; 2°. différentes tentatives faites pour rétablir des Compagnies exclufives, caufe d'inquiétude & de refferrement du commerce; 3°. quatre années de guerre (& les années d'inquiétudes qui la précedent, & de foibleffe du commerce qui la fuivent; & fans doute ces confidérations font des motifs raifonnables de penfer que les effets du commerce libre n'ont pas été, à beaucoup près, tout ce qu'ils auroient été dans un état conftant, & dans des circonftances communes de paix, & de fuite dans fes opérations.

Et ce qui juftifie cette derniere réflexion, c'eft que fi l'on prend dans les mêmes états les quatre dernieres années de paix, après la liberté rendue au commerce, c'eft-à-dire, 1774, 75, 76 & 77, on trouve un nombre moyen de vaifseaux & de tonneaux bien autrement considérable que celui que nous avons indiqué ci-dessus. En effet, l'Orient nous donne, dans cet espace de temps, armés

	Vais.	Tonn.
pour l'Inde & Chine.	79.	40,700
Saint - Malo.	8.	3,800
Marseille.	7.	2,150
Bordeaux. . . . , ...	3.	1,300
Nantes.	11.	4,450
La Rochelle.	6.	3,680
Le Havre.	1.	150
Les Indes.	3.	960

	Vais.	Tonn.
C'est en totalité, pour quatre ans. .	118.	57,190
Et par conséquent, année commune. .	29.	14,297

Ainsi donc MM. les Administrateurs de la nouvelle Compagnie assurent avec courage au Public & au Ministere, que l'expérience de quinze années, depuis la destruction de l'ancienne Compagnie, a prouvé que le commerce de l'Inde ne peut se faire sous le régime de la liberté ; & nous leur produisons des preuves authentiques, qu'ils connoissent ainsi que nous-mêmes, qu'il s'est fait, année moyenne, par le commerce libre, pendant ces quinze années, au milieu d'obstacles de toutes especes, & de quatre ans de guerre, plus d'expéditions pour l'Inde, que n'en a fait l'ancienne Compagnie, dans les temps de sa plus grande prospérité. N'est-ce pas là la réponse de Diogene au Philosophe qui nioit le mouvement dans la Nature ? Diogene marche, & les spectateurs se moquent du sophiste.

On a confondu dans les tableaux précédens le commerce de l'Inde & Chine avec celui de nos Ifles de France & de Bourbon, & argumenté contre la Compagnie indifféremment de ce nombre d'expéditions faites pour ces diverfes deftinations ; mais on croit avoir raifon d'en ufer ainfi, parce qu'en effet la plupart des expéditions au delà du Cap, réuniffent dans leurs opérations les Ifles, la côte de Malabar ou de Coromandel, & le Bengale ; que ces commerces fe lient naturellement ; qu'ils font même bien plus faciles & plus avantageux aux armateurs, lorfqu'ils embraffent ainfi plufieurs échelles ; de forte que c'eft un raifonnement très-exact, que de dire aux ennemis de la liberté du commerce de l'Inde : Il y a eu, en quinze ans de liberté, trois cents & tant d'expéditions du commerce libre, tant aux Indes & Chine, qu'aux Ifles de France & de Bourbon ; donc le Commerce de l'Inde eft poffible, facile & avantageux aux Négocians particuliers ; & une Compagnie exclufive pour l'exercer eft au moins inutile. Les quinze années d'expérience du commerce libre ont donc prouvé les bons effets de la liberté.

Voyons maintenant s'il eft néceffaire d'attendre l'expérience que MM. les Directeurs veulent à toute force nous faire faire des fuccès qu'ils efperent de la nouvelle Compagnie.

Nous prétendons qu'elle eft parfaitement inutile, après celle que nous venons de conftater.

Il fuffiroit fans doute à l'homme d'Etat d'avoir reconnu que, depuis la deftruction du privilége de la Compagnie, le commerce libre, a envoyé *autant* de navires dans l'Inde, a exporté *autant* de marchandifes nationales, & rapporté *autant* de marchandises de l'Inde, pour nos consommations & nos fabriques, que l'ancienne Compagnie dans sa plus grande prospérité, puisqu'il peut dès-lors espérer que le commerce libre fera de nouveau les mêmes efforts, & aura les mêmes succès, & que si la liberté produit les mêmes effets utiles qu'on attribue au privilége, elle doit être préférée, parce qu'elle est l'état naturel & le droit commun. Comment donc seroit-il possible d'hésiter entre elle & le privilége, lorsqu'on voit le commerce libre obtenir des succès plus grands que les Compagnies à priviléges?

Or c'est ce qui n'est pas contestable, puisqu'il est public que le commerce particulier, dans ses années de ventes les plus fortes, a élevé ses importations jusqu'à près de trente-trois millions; l'ancienne Compagnie n'ayant pu élever les siennes qu'à près de 23 millions dans les années les plus heureuses.

L'expérience est donc complette & décisive en faveur du commerce libre : pourquoi donc attendroit-on celle que veulent nous faire faire ces Messieurs.

Que nous enseigneroit cette expérience ? Qu'une Compagnie avantagée de priviléges exhorbitans; qu'une Compagnie favorisée de toute la protection d'un Ministre qui n'a négligé pour elle aucun des moyens que le pouvoir lui mettoit entre les mains, pourra, pendant deux ou trois ans, nous rapporter des marchandises de l'Inde & enrichir ses Directeurs, ou rendre même à ses Actionnaires, dans les commencemens de son établissement, quelques profits, qui seront, au moins en partie, les produits du privilége, & non ceux du Commerce. Et que s'enfuivra-t-il de là contre la

caufe de la liberté, qui puiffe juftifier une Compagnie exclufive ?

Et cette expérience, telle quelle, ne feroit-elle pas
fuffifamment combattue par celles qu'on a citées tant de
fois des effets funeftes & des mauvais fuccès de toutes les
Compagnies exclufives, pour le Commerce, excepté le petit nombre de celles qui ont été favorifées par des circonftances particulieres, telles que la conquête & la poffeffion
de territoires étendus, avantage de la Compagnie des Indes
Angloifes, ou la vente de productions uniques, telles que
les épiceries fines pour la Compagnie Hollandoife.

Sans doute, en demandant qu'on leur laiffe achever *leur
expérience*, les partifans de la nouvelle Compagnie ne veulent que gagner du temps ; c'eft tout ce qu'il leur faut. A
l'aide de leurs priviléges, & des avantages énormes qu'on
leur a faits, ils feront peut-être de grands profits, après quoi
la Compagnie, fubiffant le fort de toutes celles qui l'ont pré-
cédée, deviendra ce qu'elle pourra. Mais ce temps qu'ils
demandent eft précifément ce qu'il ne faut pas leur accorder,
parce que c'eft un temps précieux perdu pour la Nation entiere, à qui il importe fi fortement de recouvrer enfin la
liberté qu'elle réclame, & de voir fon commerce adminiftré
par des principes plus conftans d'égalité & d'équité, qui
ne peuvent fubfifter que fous le régime de la liberté.

Ce délai auroit des effets bien funeftes; nous en indique-
rons feulement trois.

Le Commerce libre, avant de fe mettre en mouvement
& de prendre le dégré d'activité où nous venons de voir qu'il
s'eft porté, a eu befoin de raffembler une certaine quantité
de

de connoiſſances qu'il avoit juſques-là négligées, parce que le privilége de la Compagnie éloignoit de lui les moyens & les occaſions de les acquérir; elles ſont devenues communes & familieres dans tous les ports; elles ſe perdront de nouveau dès qu'elles ceſſeront d'être utiles & néceſſaires.

En ſecond lieu, des relations bien établies, ſur-tout entre des pays éloignés, ſont l'ame du Commerce. Ce n'eſt pas une choſe aiſée de les former dans un ſi grand éloignement Le commerce, quoi qu'en diſe la Compagnie, avoit ſurmonté cette difficulté. En maintenant plus long-temps le privilége, ces relations ſe rompront néceſſairement, & il faudra de nouveau du temps & beaucoup de peine pour les renouer.

En troiſieme lieu, le grand mal que peut faire le maintien du privilége néceſſaire à l'expérience de MM. les Directeurs, ſeroit de détourner les capitaux d'une route qu'ils ont priſe, & dans laquelle il ne ſeroit pas facile de les ramener, s'ils ſont rejetés de celle-là par le privilége excluſif. On dira qu'ils trouveront quelque autre emploi; mais dès là même, l'emploi dans lequel ils ſeront jetés par force, ne ſera pas auſſi avantageux au particulier & à l'Etat, que celui vers lequel ils ſe porteroient naturellement.

Concluons, ſans héſiter, qu'il n'eſt donc pas néceſſaire de ſubir encore l'expérience des avantages ou des inconvéniens de la nouvelle Compagnie. Tout le Commerce du Royaume eſpere bien qu'on n'en attendra pas l'iſſue, pour prononcer la deſtruction d'un établiſſement ſi funeſte.

E

V.

Ce paragraphe est si étendu, que nous sommes forcés de distinguer les diverses allégations dont il est formé, pour les réfuter les unes après les autres, & nous promettons de n'en oublier aucune. Si l'on ne peut épargner aux Lecteurs l'ennui de lire encore la réfutation d'objections cent fois réfutées, on tâchera du moins de présenter les réponses sous quelques faces nouvelles.

Voici la substance de ce paragraphe, qui occupe huit grandes colonnes des Observations.

1°. Il est important d'empêcher la concurrence à l'achat dans l'Inde, parce qu'elle fait payer les marchandises plus cher. Les Marchands, se disputant les marchandises dans l'Inde, se nuisent les uns aux autres, & sont victimes de leurs fausses combinaisons.

2°. Il est nécessaire d'avoir une Compagnie exclusive pour assortir les cargaisons d'Europe en Asie, pour les besoins des Indiens, & celles d'Asie en Europe, pour les besoins des Européens.

3°. Il faut une Compagnie exclusive, parce que le Commerce particulier ne peut pas avoir assez de capitaux pour des expéditions de ce genre, qui demandent des fonds d'avance dans l'Inde & du crédit; qu'il n'y a qu'une Compagnie, ayant de grands capitaux, qui puisse avoir dans l'Inde des établissemens, des comptoirs, des agens qui lui préparent ses cargaisons d'avance, & dispensent les vaisseaux de faire dans l'Inde un trop long séjour, &c.

4°. Il faut une Compagnie, parce que les Négocians par-

ticuliers acheteroient les marchandifes de l'Inde des Nations
étrangeres Européennes, foit dans l'Inde , foit en Europe,
& non pas à droiture des Indiens , & par conféquent les
acheteroient plus cherement.

Nous reprenons tous ces chefs , & d'abord les prétendus
inconvéniens de la concurrence à l'achat dans l'Inde.

Il faut bien à ce fujet répéter des argumens qu'on a déjà
faits, & qui font fi frappans, contre le fyftême expofé ici par
la Compagnie.

On a dit , pendant près d'un fiecle , qu'on ne pouvoit pas
avoir le caftor des fauvages du Canada ; le fucre, le café, &
l'Indigo des Ifles de l'Amérique , ni vendre à nos Colons les
denrées de notre fol & les productions de notre induftrie
autrement que par des Compagnies d'Occident , du Canada,
de la Louifiane , des Ifles de l'Amérique , & de tant d'autres dénominations. On lit auffi dans les Ouvrages du temps,
& jufques dans les Edits de création de ces Compagnies, qu'il
falloit des priviléges pour éviter la concurrence à l'achat, de
peur d'avilir nos marchandifes & d'enchérir celles des pays
éloignés.

Cependant, après s'être laiffé égarer long-temps par des
craintes chimériques, l'Adminiftration a rendu au Commerce
de l'Amérique la liberté qu'il réclamoit. Ces Compagnies
exclufives & privilégiées, qu'on difoit fi néceffaires, ont été
détruites, & ce Commerce a pris dès lors une activité qui
eft allée fans ceffe croiffant.

A la vérité, l'Obfervateur prétend qu'il y a une grande
différence entre le commerce de la France dans l'Inde , &
fon commerce à fes Colonies, en ce que le premier eft avec
des étrangers Anglois ou Indiens ; le fecond , avec des Co-

lons fujets du Roi ; différence qui rend , felon lui, les fauf-
fes combinaifons très - facheufes dans le commerce de
l'Inde, & de peu d'importance dans celui des Colonies;
parce que , dans celui-là, la concurrence tourne au profit des
Indiens ou des Anglois , propriétaires de la plupart des établiffemens d'où fe tirent les marchandifes, au lieu que , dans
celui des Colonies , ce que perdent les Négocians françois ,
par leur concurrence , eft gagné par les Colons , François
comme eux.

   Ce miférable fophifme eft trop aifé à réfuter, & nous n'a-
vons à nous défendre que de nous en occuper trop long-
temps.

   D'abord il s'enfuivroit de cette théorie, que tout commerce avec l'étranger devroit fe faire par Compagnie, de
peur que la concurrence entre nos Négocians ne tourne au
profit de l'étranger Ruffe, Danois, Suédois, Anglois, Hollandois, &c.

   En fecond lieu, s'il pouvoit jamais être bon & utile d'é-
carter la concurrence entre nos Négocians acheteurs dans
l'Inde, ce ne feroit tout au plus que dans la fuppofition où
ils feroient feuls acheteurs dans les marchés de l'Inde ; mais
lorfqu'ils y trouvent déjà tous les peuples de l'Afie , & de
plus les Anglois, les Hollandois, les Suédois, les Danois ,
les Portugais, les Sujets de l'Empereur , & bientôt les Amé-
ricains , n'eft-ce pas une extravagance de croire qu'on obtien-
dra les toiles à meilleur marché , parce que les Négocians
françois n'acheteront pas en concurrence les uns des autres?
N'eft-çe pas une puérilité d'imaginer qu'on tiendra les toiles
à bas prix , parce que la concurrence de quelques Négocians
de plus entre eux , foutiendra les valeurs ; tandis qu'on ne

peut pas faire ceffer la concurrence, bien plus puiffante dans
le même fens, de toutes les Nations, tant de l'Europe que de
l'Afie elle-même, qui va déterminant cette valeur, & qui
la porte à fon taux naturel, quelque forme que prenne le
Commerce dans l'Inde.

Enfin cette objection de MM. les Directeurs ne peut être
faite que par des perfonnes qui ne favent rien de la marche
générale & du grand mouvement du Commerce. Que faut-il
en effet pour que le Commerce obtienne une marchandife
au plus bas prix poffible? Que le marché foit le mieux garni
qu'il eft poffible. Or l'effet naturel & néceffaire de la concurrence qu'on veut nous faire craindre, eft de faire garnir
les marchés des Indes plus abondamment.

Si les Indiens & les Anglois font propriétaires des établiffemens d'où fe tirent en grande quantité ces marchandifes,
& que la concurrence de nos Armateurs entre eux leur donne
des profits; ils en feront d'autant plus empreffés, ces Indiens
& ces Anglois, à nous fournir des marchandifes, & des marchandifes de bonne qualité. Cet empreffement établira,
foit entre les deux Peuples, foit entre les individus Indiens
& Anglois, une concurrence, dont nos Armateurs libres feront auffi leur profit. Nous n'avons donc rien à perdre à laiffer
à nos Armateurs cette liberté.

Ajoutons une obfervation bien jufte, tirée d'un Mémoire
de MM. les Négocians de Marfeille, & qui fuffiroit feule
pour réfoudre l'objection propofée. « La concurrence, difent-
ils, ne s'établit pas feulement par la préfence de beaucoup
d'acheteurs, pour de certaines quantités de marchandifes;
elle s'établit encore, lorfqu'un feul acheteur demande beaucoup de marchandifes, avec cette différence que le grand

nombre d'acheteurs encourage le vendeur à faire abonder
les marchandifes , excite leur induftrie , & peut produire une
telle émulation , que bientôt il y aura encore plus de marchandifes que d'acheteurs; au lieu que la préfence d'un feul
acheteur décourage les vendeurs , & les oblige à lui oppofer
une rareté affectée , pour être moins dépendans de fon avidité,
& peut même produire l'anéantiffement de l'induftrie. Ainfi,
dans le Levant, les Cultivateurs abandonnent leurs champs,
parce qu'ils font obligés de ne vendre leurs denrées qu'à
l'Aga du lieu. Cette théorie , qui fait craindre la concurrence des acheteurs, eft une théorie étroite ; qui n'embraffe
que le moment préfent , & ne fauroit balancer cette théorie
univerfelle & confolante , qui enfeigne que dans une Nation
active , intelligente , & induftrieufe , on n'a jamais rien à
craindre pour fon commerce, en fe fiant à la liberté ».

La concurrence à l'achat dans l'Inde ne peut donc avoir
aucun inconvénient réel dans l'état de liberté du Commerce.

Voyons s'il faut craindre davantage ceux qu'on prétend
réfulter du défaut d'affortiment , tant dans les exportations
d'Europe aux Indes , que dans les importations des marchandifes de l'Inde en Europe.

Ici revient encore l'exemple de nos Colonies, foumifes fi
long-temps au joug des Compagnies exclufives , fous le même
prétexte que nous combattons ici. On voit que ces inconvéniens allégués , s'ils étoient réels , fe trouveroient auffi dans
le commerce des Antilles , comme on a cru les y voir fi
long-temps. Il arrive bien en effet qu'il y a quelquefois dans
les Ifles trop de farines & de vin & de toiles; & dans nos
ports , trop de fucres & de café , &c. , pour l'avantage paffa-

ger des Colons & des Armateurs (& non pas pour les intérêts véritables & conftans du Commerce, qui vit au milieu
de ces variations) ; mais faut-il pour cela livrer le commerce
des François en Amérique à une Compagnie excluſive, afin
qu'elle balance tous les intérêts oppoſés, qu'elle regle, &
compte, & meſure les profits que doivent faire, & le Colon,
& l'Armateur, & le conftructeur, & le Facteur, & le Com-
miſſionnaire, & le Cultivateur, & le Propriétaire, & le Fabricant, & le Négociant, & toutes les claſſes des conſommateurs. Il faut eſpérer que cette fauſſe politique, qui a di-
rigé autrefois toute l'adminiſtration du commerce de nos
Iſles, ne renaîtra plus, & qu'elle demeurera reléguée avec
les papiers - monnoie & les furhauſſemens d'eſpeces, pré-
tendues reſſources pour l'Etat, moyens ſi ſouvent employés
dans des ſiecles d'ignorance. Nous ne déſeſpérons pas que
les Compagnies des Indes ne ſoient vues du même œil, avant
qu'il ſoit dix ans, lorſque la liberté aura juſtifié & ſurpaſſé
nos eſpérances ; & c'eſt leur donner encore beaucoup de
temps.

Entrons maintenant dans la queſtion, & prouvons, par
les détails, que les aſſortimens des exportations pour l'Inde
peuvent ſe faire parfaitement par le commerce libre.

Obſervons d'abord que, d'après des faits avoués par les
défenſeurs de la Compagnie, & d'après la maniere dont elle-
même conduit la partie du commerce de l'Inde, à laquelle
elle ſe livre davantage, il ne peut y avoir aucun embarras
d'aſſortir les marchandiſes pour les marchés de l'Inde.

En effet, ces Meſſieurs, qui donnent tant d'importance
aux aſſortimens des marchandiſes à porter dans l'Inde, ſavent
bien que la quantité d'exportations de nos marchandiſes,

pour le commerce du Bengale, n'eſt qu'une très-petite portion de la valeur que fournit l'Europe, & que la plus grande partie de cette valeur eſt en argent. Un des plus ardens défenſeurs de la Compagnie, un Avocat de la cauſe de la Compagnie, vient d'imprimer, que les *neuf dixiemes de ce commerce ne peuvent ſe faire par l'échange des productions européennes ; ce qui fait que l'Inde eſt un gouffre où va ſans ceſſe s'engloutir le numéraire des actions.* Mais n'eſt-ce pas là de quoi nous tranquilliſer tout à fait ſur les aſſortimens de ce que nous avons à porter aux Indiens ? Car il n'y a point d'embarras à aſſortir les piaſtres, & ce ne peut pas être une grande difficulté à vaincre pour un Négociant qui fait une expédition de 500 mille francs, que d'aſſortir pour 50 mille francs de marchandiſes.

Mais le Commerce particulier & libre dans ſes opérations, ayant toujours, avec un grand avantage pour le Royaume, exporté dans l'Inde une beaucoup plus grande quantité de denrées de notre ſol & de produits de notre induſtrie (eſtimée au cinquieme ou au ſixieme de la valeur de cargaiſon entiere, au lieu d'un dixieme ſeulement ; ce qui fait le double de produits de notre ſol & de notre induſtrie exportés), nous n'employerons pas l'argument précédent, pour faire voir qu'il ſaura ſurmonter la difficulté des aſſortimens. Nous dirons ce qui ſe préſente ſi naturellement à l'eſprit de tout le monde, que quinze ou vingt Négocians, faiſant chacun à part le Commerce, ne peuvent pas tous errer dans leurs aſſortimens dans le même ſens ; que les uns porteront plus d'une choſe, & les autres moins ; que les erreurs ſe corrigeront les unes les autres ; que l'expérience leur aura bientôt appris la maniere de doſer, pour ainſi dire, leurs exportations, d'après

les

lès befoins ordinaires de leurs chalans; qu'ils auront bientôt trouvé ce que l'homme cherche dans toutes fes eftimations, & ce qui fuffit à l'homme, le taux moyen, la quantité moyenne, le profit moyen, & qu'ils réfoudront ce problème tous enfemble mieux que la Compagnie la plus éclairée & la plus vigilante fur fes intérêts.

Mais voici de quoi fermer la bouche à l'Obfervateur fur ce fujet. Il nous apprend lui-même, au §. 9 de fes Obferva-tions, que, *malgré l'attention de la Compagnie à n'envoyer dans l'Inde que les quantités néceffaires aux confommations, fes agens au Bengale lui annoncent qu'elle a forcé fes envois fur plufieurs articles qu'ils font obligés de garder en magafin, faute de dé-bouché, & dont une partie peut fe perdre par la chaleur du cli-mat, & les infectes, &c.*

Comment, MM. les Directeurs, il faut abfolument, dites-vous, une Compagnie privilégiée, pour faire des affortimens bien entendus des marchandifes qu'on envoye dans l'Inde; & avec votre privilége, vous forcez vos envois, & vos maga-fins font déjà encombrés. Que peut-il arriver de pis au com-merce libre? Ne lui faites donc plus une objection d'un in-convénient dans lequel votre privilége ne vous empêche pas de tomber.

C'eft encore en parlant des affortimens des marchandi-fes d'Europe pour l'Inde, que le défenfeur de la Compagnie prétend nous faire reconnoître un grand avantage d'un com-merce exclufif fur le commerce libre, dans le foin que prend, dit-il, la Compagnie de *régler* la quantité de produc-tions du fol & de l'induftrie du Royaume, qu'elle porte dans l'Inde, *fur les befoins des fujets du Roi qui habitent les établif-femens nationaux.*

F

Il y a malheureusement trop de faits publics, tant anciens que récens, qui prouvent que jamais nos Compagnies exclusives n'ont rempli les besoins des Sujets du Roi qui habitent les établissemens nationaux. On sait que c'est la plainte éternelle & toujours juste de tous les Colons approvisionnés par des Compagnies exclusives. Mais outre ce fait général, il est heureux pour les Négocians d'avoir en main une preuve récente incontestable que la nouvelle Compagnie, qui nous assure que les Compagnies exclusives reglent leurs envois, *d'abord sur les besoins des établissemens nationaux*, laisse déjà les habitans de nos établissemens nationaux dans l'Inde, manquer des objets de leurs plus pressans besoins. C'est ce qu'on voit par un Mémoire des habitans de Pondichéry, présenté au Gouverneur général des établissemens de l'Inde, & mis sous les yeux du Ministre.

« Qu'il nous soit permis, disent-ils, d'envoyer d'ici annuellement, sur deux flûtes du Roi, 1 800 balles de marchandises. Ces flûtes seroient expédiées de l'Orient avec le retour de nos fonds, & un chargement d'environ trois cents tonneaux en vins & comestibles, *qui sont indispensables à notre consommation, & dont la nouvelle Compagnie nous laisse manquer, puisque le premier vaisseau qu'elle a expédié pour Pondichéry, est venu à vide ; de sorte que nous sommes obligés de nous pourvoir à très-haut prix, dans les marchés étrangers, des productions de la France.* Nous ne devons pas même nous flatter de recevoir à l'avenir les fonds de nos envois précédens & actuels en France ; car on sait qu'elle a refusé de prendre à fret sur *le Calonne*, en Juillet dernier, de l'argent que quelques Négocians de l'Orient avoient à nous envoyer ».

C'eft ainfi que la nouvelle Compagnie combine fes affor-timens pour les befoins des François habitans dans l'Inde; nos établiffemens nationaux, grand avantage d'un privilége pour régler les affortimens des envois dans l'Inde.

Voyons fi les Compagnies privilégiées font plus nécef-faires pour l'affortiment des marchandifes de retour, & fi la liberté peut avoir à cet égard quelques inconvéniens.

Suppofons le Commerce libre, un vaiffeau de Bordeaux apportera trop de toiles, & un autre trop peu de café en cette année 1787; mais un vaiffeau de Nantes aura rapporté trop de café, & un autre trop peu de toiles: voilà l'équilibre rétabli.

Suppofons qu'ils aient tous apporté trop de toiles ou de mouffelines en 1787, il y a à parier deux contre un, qu'en 1788 il en viendra moins; & fi quelque événement extraor-dinaire empêchoit l'équilibre de fe rétablir dès cette année, comme les Négocians particuliers auroient eu le temps de donner leurs ordres avant la troifieme expédition, il vien-droit fûrement en Europe par ces troifiemes vaiffeaux moins de la chofe qui auroit furabondé.

Nous difons en fecond lieu, que quand il feroit vrai que le Commerce libre, apportant quelquefois trop de marchan-difes, en aviliroit le prix, cet inconvénient, qui eft celui au-quel on veut remédier en établiffant une Compagnie privilé-giée, ne doit pas, en juftice, être prévenu par un femblable moyen, & la preuve de cette affertion eft bien facile.

L'avantage qu'on donne à une Compagnie exclufive, en la mettant ainfi à l'abri de toute concurrence à la vente dans le Royaume, eft injufte & oppreffif; car il eft aux dépens des Citoyens, qui en payent d'autant plus cherement toutes les marchandifes de l'Inde; il les empêche de fatisfaire à

F ij

d'autres befoins auxquels ils pourroient fournir, par la feule épargne qu'ils feroient, fans le monopole. Il nuit aux Fabriques & à l'induftrie du Royaume, qui ne peuvent plus travailler à un prix capable de foutenir la concurrence des Nations rivales, obligées qu'elles font d'acheter les matieres premieres de leurs ouvrages plus cherement que ne font les Manufacturiers étrangers : en un mot, il dérange l'ordre naturel, les prix naturels ; dérangement qui ne peut avoir lieu, fans que le droit & la juftice foient violés.

Au fond, cet affortiment des marchandifes de retour confifte, de la part de la Compagnie, à mefurer la quantité de chaque marchandife de fa vente, de maniere que le prix de chacune fe foutienne toujours pour l'avantage du vendeur. Mais l'effet de cette mefure n'eft-il pas funefte à la Nation ? n'eft-il pas de faire payer plus cherement ces marchandifes de l'Inde aux François. Quel avantage peut-on trouver à une adminiftration de commerce, à un privilége qui, pour favorifer un petit nombre de Marchands monopoleurs, donne un prix forcé aux confommations de toute une Nation ?

3°. Nous voici arrivés au troifieme point du paragraphe V.

Le befoin prétendu qu'on a d'une Compagnie pour avoir des capitaux fuffifans à l'exploitation du commerce de l'Inde, à la lenteur des retours, &c.

Obfervons d'abord combien il eft étrange de foutenir à des Négocians qui font ou qui faifoient, à l'époque de l'établiffement de la nouvelle Compagnie, le commerce de l'Inde, qui ne demandent, pour le fuivre, que la liberté, fans privilége, fans exemptions, & fans tous les avantages qu'on a faits à la Compagnie ; combien il eft étrange de foutenir au Gouvernement que ces Négocians ne peuvent pas faire le commerce de l'Inde, comme s'ils n'avoient armé, & ne vouloient armer des vaisseaux, & n'envoyer dans l'Inde des cargaisons & de l'argent que pour se ruiner. En vérité, il est trop absurde de douter de la possibilité du commerce de l'Inde, par les Négocians libres, lorsqu'on voit tous les Négocians des villes maritimes réunis pour demander la liberté de faire le commerce de l'Inde.

Il faut, dit-on, de grands capitaux, & de grands capitaux ne peuvent être assemblés que par une Compagnie.

Mais une Compagnie peut être une association de Commerçans particuliers, assez forte en capitaux pour entreprendre & suivre un grand commerce, & n'avoir pourtant aucun privilége exclusif ; & une pareille association est bien différente d'une Compagnie privilégiée par le Gouvernement, excluant tout autre Commerçant des lieux compris dans l'étendue de son privilége. Quand il n'y auroit rien à répliquer à tout ce que l'Observateur & ses pareils ont assemblé de raisonnemens, pour établir qu'on ne peut atteindre au but proposé, sans Compagnie, ils auroient prouvé tout au plus la nécessité d'une association entre un certain nombre de Négocians, ayant, par leur réunion, un grand capital avec lequel ils puissent avoir un comptoir ou des correspondances bien établies dans l'Inde, pour être sûrs de leurs achats annuels, expédier leurs vaisseaux le plus promptement possible, &c. Mais pour tout cela, il n'est pas nécessaire que ces Négocians aient un privilége exclusif. Plusieurs grandes maisons peuvent s'associer, & jouir de tous ces avantages sans privilége, en réunissant leurs capitaux.

Or si le commerce de l'Inde chez nous avoit la

confiſtance qu'il devroit avoir , & qu'il acquerroit avec le temps par le ſeul établiſſement de la liberté ; pourquoi un certain nombre de capitaliſtes réunis ne pourroient - ils pas avoir une maiſon à Pondichéry , y envoyer & en recevoir des vaiſſeaux , être auſſi parfaitement inſtruits des beſoins de l'Inde & de l'Europe , faire leurs expéditions auſſi promptement , & acheter les marchandiſes des Indiens auſſi facilement que la Compagnie la plus excluſive , dont les agens & les facteurs ne ſont pas plus inſtruits, & ſont ſouvent ou plus négligens ou plus infideles que ceux d'une grande maiſon de commerce.

Mais ce moyen très-praticable , le commerce libre n'eſt pas encore obligé de le prendre ; car des faits conſtans & nombreux démentent tout ce qu'ont dit les partiſans des Compagnies , de l'impuiſſance des Négocians particuliers , faute d'établiſſement dans l'Inde , de former leurs cargaiſons & d'abréger le temps du ſéjour de leurs vaiſſeaux, &c.

En voici un de cette eſpece, conſigné dans un Mémoire adreſſé de Marſeille.

« Les ſieurs Rabaud & Compagnie ayant en vue de pouſſer le commerce de l'Inde auſſi loin qu'il ſeroit en leur pouvoir, projeterent , dès le retour de la paix , de former un établiſſement au Bengale , pour y fabriquer les diverſes toileries & mouſſelines ; ils firent choix du ſieur Euſtache Vialars, qui connoiſſoit déjà les bords du Gange & toutes les marchandiſes qu'on peut s'y procurer , pour aller jeter les premiers fondemens de cet établiſſement. Il acheta très-convenablement les retours de la *Conſtante Pauline* , qui l'avoit porté. Il a fait depuis le chargement du ſecond voyage de *la Conſtante Pauline*, des vaiſſeaux *le Coromandel, le Chêne, la*

Philippine, & autres, à la satisfaction de ses commettans.

« Si le privilége exclusif, dit le même Mémoire, n'étoit venu condamner les maisons des sieurs Vialars & Compagnie, de Chandernagor, & des sieurs Amalric, Michel & Compagnie de Pondichéry, à l'inaction, elles auroient formé des établissemens à la côte de Malabar, & dans les autres parties de l'Asie où il est permis aux sujets du Roi de se fixer & de commercer.

Un autre Mémoire de la ville de Marseille nous apprend que plusieurs Capitaines ont formé leurs cargaisons sans retarder leurs expéditions, & trouvé dans l'Inde des agens intéressés à les bien servir, & qui, excités par une utile concurrence, ont cherché à mériter la confiance du Commerce, qui ne peut s'acquérir qu'en le servant avec zele & fidélité.

Plusieurs Capitaines, est-il dit encore, ont déjà fait ces voyages avec succès, en partant de France, de maniere à pouvoir arriver à Pondichéry vers les mois de Juin, Juillet & Août; ils y ont fait leurs traites, & ont été passer la mauvaise saison dans le Bengale : là, ils ont acheté des mousselines fabriquées, sont revenus à la côte de Coromandel, & ont porté de belles cargaisons en France. Dix-huit à vingt mois leur ont suffi pour avoir leurs capitaux de retour ».

Mais pour ne laisser aucune réplique à MM. les Administrateurs, nous allons citer un certain nombre d'expéditions pour l'Inde, qui ont eu le succès dont on nous nie la possibilité.

En 1771, le navire *le Conquérant*, de 260 tonneaux, expédié de Marseille, armé par la maison Rabaud, chargé un

tiers en argent & deux tiers en marchandifes pour Pondí-
chéry & Chandernagor , fur un capital de 500,000 liv. , a
donné 65 p. 100 de bénéfice.

En 1776 , *la Philippine* , de 60 tonneaux , même port,
même Armateur , chargée en piaftres & marchandifes, de retour à Marfeille en 1778 , & ayant eu dans le Bengale la
concurrence de treize autres navires françois, fur un capital
de 984,000 liv. , a donné de bénéfice 50 p. 100.

En 1782 , *le Victor Amédé* , de 500 tonneaux , & *le
Comte du Perron* , de 600 , expédié pour Bourbon & l'Inde ,
fous pavillon du Roi de Sardaigne, ont fait leur retour, l'un
avec une cargaifon de toiles du Bengale & de la côte, l'autre
avec café, poivre , &c.; & quoiqu'armés en temps de guerre,
& par conféquent à grands frais , ont donné en 1784 , fur
un capital de 7 à 800 mille liv., chacun environ 40 p. 100.

En 1783 , *la Conftante Pauline* , même port , même Armateur, expédiée pour le Bengale , fept huitiemes en marchandifes , un huitieme en piaftres, de retour en 1784 , fur
un capital d'environ 600 mille livres , a donné plus de 60
p. 100.

En 1784 , *le Confolateur* , de 600 tonneaux , a donné à
fon retour à l'Orient , en . . . . fur 1200,000 liv. de capital , 55 p. 100.

La Félicité , fur 1,000,000 liv. , 80 p. 100.

En 1785 , les navires *la Conftante Pauline* , *le Coromandel*,
le Malabar , *la Philippine*, expédiés par la même maifon, les
trois premiers de retour à l'Orient , *la Philippine* attendue ;
le bénéfice du premier, fur un capital de plus d'un million ,
réalifé à 80 p. 100 ; le bénéfice des trois autres , fur un

capital

capital de 1,200,000 liv. pour chacun, promet d'etre de plus de 60 p. 100.

Enfin les mêmes Négocians écrivent :

« Nous offrons de prouver que diverfes expéditions affez importantes, faites de Marfeille en 1771, 73, 76, 77, 83, & 1784, ont réalifé ou promettent 50 ou 60 p. 100 dans dix-huit à vingt-quatre mois. Ce qui prouve leur fuccès, c'eft que les mêmes Armateurs renouvellent leurs expéditions; c'eft que d'autres les imitent. . . . . Ces expéditions, faites du feul port de Marfeille, ont été auffi nombreufes dans une année, qu'elles l'étoient, de la part de l'ancienne Compagnie, pendant un temps égal, puifqu'on comptoit quinze vaiffeaux de ce port en voyage ou en armement au moment où l'arrêt contre lequel nous réclamons a été rendu ».

« Quant aux pertes qu'ont faites jufqu'ici en France les expéditions particulieres, elles ne peuvent rien prouver; il faudroit favoir fi les pertes dont on fe plaint viennent de la nature du Commerce, ou de la maniere imprudente dont quelques particuliers peuvent l'avoir fait ».

On voit qu'en ces exemples, nous nous fommes bornés au feul port de Marfeille, quoique nous en euffions de pareils, & de tous les autres ports à citer. Mais nous avions fous les yeux les détails de celui-là.

MM. les Adminiftrateurs diront-ils encore qu'il eft impoffible au Commerce libre, faute de capitaux, d'établiffemens dans l'Inde, de Commiffionnaires, faute, en un mot, de Compagnie privilégiée, de faire & de foutenir le Commerce de l'Inde.

Il faut en convenir; ce reproche au Commerce libre de

G

manquer de capitaux, eſt un peu étrange de la part d'une Compagnie qui a cru d'abord pouvoir exploiter ſon privilége avec un chétif capital de 15 millions, & qui n'en a aujour-d'hui que 40 ; car il eſt aiſé de prouver que 40 millions ne font pas la moitié de ce qu'il faut, & ne font pas la moi-tié de ce que le Commerce en employeroit; deux aſſertions bien déciſives dans la queſtion préſente, & que nous allons établir toutes deux ſur des preuves inconteſtables.

40 millions de fonds font inſuffiſans au Commerce de l'Inde; car il en faut plus de 80, en eſtimant au plus bas les avances que ce commerce exige ; & en voici la preuve dans l'état ſuivant, dreſſé à l'Orient, le port où la nature & les détails de ce commerce doivent être & font les mieux con-nus, & qu'on défie les Adminiſtrateurs de la Compagnie de conteſter.

Ce tableau eſt le réſumé d'un état général mis ſous les yeux du Miniſtere, qui énonce en détail,

1°. Les eſpeces, les quantités, & les valeurs de toutes les marchandiſes & eſpeces qui doivent entrer dans une ex-pédition.

A la côte de Coromandel & d'Orixa.

Au Bengale.

A la côte de Malabar & dans la mer Rouge.

Et enfin à la Chine.

2°. Les eſpeces, quantités & valeurs des achats dans l'Inde, & importations en France, néceſſaires pour former les retours du Commerce de ces mêmes parties.

3°. Les quantités de tonneaux, prix de fret, & frais de toute eſpece de chaque expédition.

EXPORTATION EN MARCHANDISES ET ESPECES.

LIEUX OU SE PORTE LE COMMERCE.	Marchandises.	Especes en piastres.	TOTAL.	Fonds laissés dans l'Inde.	Total général.
Côtes de Coromandei & d'Orixa.	1,686,000. » »	10,075,700. » »	11,761,700. » »	5,000,000. » »	16,761,700. » »
Bengale.	1,585,500. » »	11,775,500. » »	13,361,000. » »	5,400,000. » »	18,761,000. » »
Côte de Malabar & mer Rouge.	983,750. » »	3,238,790. » »	4,227,540. » »	1,200,000. » »	5,427,540. » »
Chine.	955,000. » »	2,888,002. 2 9	3,843,002. 2 9	800,000. » »	4,643,002. 2 9
Premiere Expédition.	5,215,250. » »	27,977,992. 2 9	33,193,242. 2 9	12,400,000. » »	45,593,242. 2 9
Deuxieme,	5,215,250. » »	15,577,992. 2 9	20,793,242. 2 9	12,400,000. » »	33,193,242. 2 9
Troisieme, fur les rentrées de la 1ere					
					78,786,484. 5 6

A ajouter, pour la premiere moitié du fret de 11,030 tonneaux, formant le total de l'expédition qui entre dans la mise dehors effective, & payée d'avance à raison de 450 l. le tonneau. . . . . 2,499,750.

81,277,234.5.6 d.

Il est donc inconteftable que le commerce de l'Inde demande plus de 80 millions, & par conféquent que le capital de la Compagnie n'y fuffit pas.

Il y a à la vérité un remede à cette difette ; c'eft de créer encore pour 40 millions d'actions ; & quoique cette propofition foit rifible , je ne ferois pas étonné qu'elle eût été faite férieufement. Heureufement pour nous le temps du Miffiffipi eft paffé , & on ne croit pas qu'il puiffe renaître. La Compagnie ne trouvera donc pas de quoi remédier pour elle-même à l'inconvénient du défaut de capitaux qu'elle reproche au commerce particulier.

Mais nous irons plus loin encore , & nous dirons que, quand la Compagnie auroit affez de fonds pour exploiter le commerce de l'Inde dans l'étendue qu'il doit avoir à préfent pour opérer toute l'exportation , toute l'importation , tout l'emploi d'hommes , de vaiffeaux , d'induftrie , que peut mettre en mouvement un capital de 80 millions, le privilége exclufif ne feroit pas encore juftifié.

En effet, un capital déterminé, quelque abondant qu'il foit (& on vient de voir que celui de la Compagnie n'eft pas la moitié de ce qu'il devroit être), borne néceffairement les entreprifes d'après fa quotité , tandis que le commerce libre peut toujours & tenter de nouvelles entreprifes , & trouver les capitaux dont il a befoin pour les fuivre. Les Compagnies privilégiées n'ont aucun intérêt d'augmenter ni leurs entreprifes, ni même leurs capitaux, au moins par delà un certain point ; & c'eft par cette raifon qu'elles négligent mille branches de commerce avantageufes, & que , par un fentiment de jaloufie affez naturel à l'homme, elles vont jufqu'à étouffer celles qui ne demanderoient qu'à fleurir. Voici un exemple de cette conduite de la Compagnie, qui eſt en même temps un effet de la diſproportion de ſes capitaux avec l'étendue du champ qu'elle embraſſe.

Un Négociant de Marſeille vient à Paris il y a deux ans ; il propoſe au Gouvernement de faire venir des marchandiſes de l'Inde par Suez , & il ſe ſoumet à ne les vendre que dans les Echelles du Levant. Le Gouvernement goûte ce projet, & prend même quelques moyens pour aſſurer la navigation des bâtimens françois dans la mer Rouge , & les caravanes qui auroient porté ſes marchandiſes de Suez au Caire.

Mais la nouvelle Compagnie ne s'accommode point des nouveautés ; elle oppoſe au projet ſon privilége , quoique la nouvelle entrepriſe n'y donnât aucune atteinte , puiſqu'il ne s'agiſſoit pas de rapporter en France aucune marchandiſe de l'Inde. Le Miniſtre cede , en exigeant d'elle de faire elle-même ce Commerce, puiſqu'elle ne veut pas permettre à des particuliers de l'entre prendre.

Elle accepte cette propoſition , & nomme l'Auteur même du projet ſon Directeur à Marſeille , pour les expéditions de Suez , en lui allouant des appointemens annuels de 12,000 liv.; mais ces 12,000 liv. font le ſeul capital qu'elle ait mis juſqu'à préſent dans ce Commerce de la mer Rouge , dont le Directeur n'a rien à diriger.

D'après le nombre & la force de ces raiſons & de ces faits , nous croyons qu'il ne peut reſter aucun ſcrupule dans l'eſprit de nos Lecteurs ſur cette grande objection de la Compagnie au Commerce libre , le défaut de capitaux.

V I.

Ce paragraphe traite des facrifices faits par l'Etat à la Compagnie des Indes , que l'Auteur des obfervations s'efforce d'atténuer , & qu'il eft important de remettre ici fous les yeux du Confeil dans toute leur étendue. Parlons d'abord des conceffions faites par le Roi en capital mort & effets de l'ancienne Compagnie.

C'eft ce que nous avons appelé des poffeffions importantes. MM. les Adminiftrateurs incidentent fur le mot de *poffeffions* , comme fi nous avions prétendu que la Compagnie avoit reçu du Roi des terres dans l'Inde. Ils difent que le département de la Marine s'eft réfervé tous les établiffemens auxquels il y a quelques revenus attachés , & qu'il a refufé de fe charger de quelques petits comptoirs du Bengale , qui n'ont point de territoire , & font purement onéreux.

Mais nous n'avons pas dit que ces poffeffions fuffent des territoires. Quand le Roi eft demeuré chargé de toutes les dépenfes de fouveraineté dans l'Inde , il étoit bien jufte fans doute qu'il gardât dans fa main les établiffemens qui donnoient quelque revenu. Falloit-il auffi qu'il fe chargeât des dépenfes des petits comptoirs , de peur qu'ils ne fuffent *onéreux* à la Compagnie ?

Mais quoique des maifons , des magafins , des chantiers , des corderies à l'Orient , à l'Ifle de France , à Pondichéry , &c. , un hôtel à Paris , ne foient pas des territoires donnant un revenu , ils n'en font pas moins des poffeffions ou jouiffan-

ces importantes , puifque c'eft un capital néceffaire , quoique mort , qu'on peut évaluer à plufieurs millions , & dont
l'ufage difpenfe la Compagnie de toute dépenfe de ce genre,
qu'elle eût été obligé de faire pour exploiter fon privilége.

Les Adminiftrateurs difent à cela, que ces magafins &
établiffemens , le Commerce particulier en a joui lui-même
pendant la fufpenfion du privilége ; mais en vérité ils nous
donnent trop d'avantage fur eux dans une femblable réponfe ; car il fuffit de leur dire que le commerce particulier
en payoit l'ufage par le droit d'indult , au lieu qu'il eft donné
gratuitemenr à la Compagnie ; & c'eft précifément parce
que ce don eft gratuit , qu'on le reproche à la Compagnie ,
qui , avantagée d'un monopole , devroit ce femble , bien
plutôt que le Commerce libre, non feulement faire elle-
même toutes les avances de fon Commerce , mais payer encore à l'Etat le prix d'une conceffion qui lui eft profitable
aux dépens du public , ainfi que fait la Compagnie angloife,
qui rend au moins au Gouvernement une partie de ce qu'elle
coûte à la Nation.

V I I.

Les Négocians , continuant l'énumération des facrifices
faits par l'Etat à la Compagnie , ajoutent , que des droits
confidérables ont été fupprimés en fa faveur.

MM. les Adminiftrateurs , dans leur réponfe, donnent
à entendre que ces droits fupprimés fe bornent au droit
d'indult. Nous verrons tout à l'heure qu'il y en a d'au-

tres, & non moins importans que celui d'indult.

Mais fur le droit d'indult, leur réponfe eft curieufe. Cela étoit jufte, difent-ils, parce que la nouvelle Compagnie a été fubrogée à tous les droits & priviléges de l'ancienne, qui n'y étoit point affujettie. Voilà une étrange preuve.

D'abord, lorfque la Compagnie ancienne a joui du droit d'indult, on n'avoit pas à lui reprocher que le Commerce libre l'avoit payé jufqu'à elle, puifqu'il n'étoit pas établi.

En fecond lieu, la Compagnie ne payoit pas de droit d'indult, mais elle étoit chargée des frais de fouveraineté, & la nouvelle en eft exempte. Certainement fi l'ancienne Compagnie exiftoit encore, qu'elle fût déchargée des frais de fouveraineté dans l'Inde, & qu'elle eût furpris au Gouvernement tous les autres priviléges dont la nouvelle jouit, on lui reprocheroit très-juftement l'exemption du droit d'indult auquel le Commerce offre de fe foumettre encore; & ce reproche feroit fans doute bien jufte, dans un temps où les befoins publics étant preffans comme ils le font aujourd'hui, le droit d'indult payé par le Commerce eût pu foulager le Peuple de cette partie de fon fardeau. Les facrifices que le Roi a faits à la nouvelle Compagnie, ne font donc pas juftifiés par l'exemple de ceux qu'on a faits à l'ancienne.

Quant à ce qu'obfervent MM. les Adminiftrateurs, que leur Compagnie ne jouit pas même de tous les droits de l'ancienne, & en particulier de l'exemption par tonneau d'importation & d'exportation, nous dirons que c'eft une
furcharge

furcharge de moins pour l'Etat, au milieu de tant d'autres qui ne font pas excufées, parce que la Nation ne fouffre pas encore celle-là.

Mais, difent les Adminiftrateurs, cette exemption du droit d'indult ne peut être reprochée à la Compagnie ; car *c'eft moins une grace pour elle, qu'un foulagement pour les Fabriques du Royaume, qui employent comme matieres premieres les marchandifes de l'Inde, & pour les Sujets du Roi, qui les confomment.*

La réponfe eft trop aifée. L'exemption du droit d'indult ne tourneroit au profit des Fabriques & des confommateurs du Royaume, que dans la fuppofition d'une entiere liberté & d'une concurrence de tous les Négocians à approvifionner la France des marchandifes de l'Inde ; mais tant que fubfifte un monopole, les faveurs de ce genre reviennent toutes dans fes mains. Si le Roi fupprimoit aujourd'hui les droits de Domaine d'Occident, certainement les marchandifes diminueroient de prix pour les confommateurs, parce que la concurrence des vendeurs opéreroit cette réduction ; mais en affranchiffant la Compagnie du droit d'indult, comme à raifon de fon privilége exclufif, elle eft feule ou prefque feule vendeur, il n'y a aucune caufe qui la force à diminuer fes prix. Et de fait, les prix des toiles & des foies ne font pas diminués entre fes mains, comme nous aurons occafion de le prouver ci-deffous. La Compagnie n'a donc rien à répondre de fatisfaifant aux plaintes légitimes du Commerce contre l'exemption du droit d'indult dont elle jouit.

Mais il eft bon de mettre fous les yeux de nos Lecteurs

H

toute la grandeur de ce facrifice. Toutes les marchandifes de l'Inde, à l'exception de celles qui font deftinées pour la traite des Noirs, étoient foumifes au droit d'indult. Selon le tableau remis au Miniftre, & envoyé de l'Orient, que nous avons cité ci-deffus, le droit d'indult fur les retours de trois expéditions liées enfemble, comme il faut qu'elles le foient, employant environ 80 millions de fonds; & approvifionnant le Royaume comme il doit l'être, le droit d'indult, difons-nous, fur les retours, feroit de 9,678,375 liv., & par conféquent de plus de trois millions par an.

Il eft vrai que la Compagnie n'ayant pas, & ne pouvant jamais avoir 80 millions de capital, ni rapporter en retour les quantités & valeurs en marchandifes de l'Inde, qui donne-roient au fifc 3 millions 200 & tant de mille livres de droits d'indult, on peut nous dire qu'elle ne jouit donc pas annuel-lement de plus de trois millions d'exemption.

Mais cette réflexion ne la fauve pas, d'abord parce que fon exemption portant encore fur les retours d'une moitié feulement des marchandifes de l'Inde, néceffaires à la con-fommation du Royaume, forme une fomme de plus de 1500 mille livres que payeroit le commerce, & qui eft per-due pour l'Etat, & enfuite parce que fi le droit d'indult ne rend pas à l'état 3 millions par an, c'eft à la Compagnie & à fon privilége qu'il faut s'en prendre, puifque c'eft le mo-nopole & la cupidité qui l'accompagnent toujours, qui font que la quantité de marchandifes qui payeroient le droit d'in-dult, eft moindre entre fes mains, parce qu'il eft de fon in-térêt d'importer moins, pour vendre mieux, & puifque fon monopole borne les capitaux employés à ce Commerce, &

ne permet pas qu'il prenne l'étendue qu'il devroit avoir , & que le Commerce libre lui donneroit sûrement avec le temps, & fur-tout fans couter rien au revenu public , fans donner atteinte aux droits des Citoyens , & fans les opprimer par le monopole.

Nous trouvons dans quelques Mémoires particuliers de Négocians, une offre relative à ce droit d'indult, qui mérite d'être remarquée. Ils confentiroient, difent-ils , à payer le droit d'indult, quand même la Compagnie, continuant fon Commerce fans privilége, mais avec tous fes autres avantages , en feroit exempte.

Le Gouvernement eft trop jufte & trop généreux pour accepter une offre pareille, quand il feroit poffible que le Commerce du Royaume y confentît. Si les befoins de l'Etat le forcent de percevoir le droit d'indult , il faut bien qu'il foit pour tout le monde. Cette inégalité entre des citoyens d'un même Etat , exploitant le même commerce , feroit une iniquité véritable ; mais l'offre que font des Commerçans de s'y foumettre , prouve bien qu'il ne faut, pour faire le Commerce de l'Inde , ni privilége ni exemption du droit d'indult , & par conféquent que ces injuftices comme ces faveurs font en pure perte pour l'État.

Mais MM. les Directeurs ne comptent pas fans doute qu'on leur paffera l'omiffion volontaire qu'ils font dans l'énumération des faveurs accordées à la Compagnie, de la fuppreffion du double droit de traite fur les marchandifes de l'Inde venant de l'étranger , & achetées par eux-mêmes chez l'étranger , & qu'ils oublient entierement dans leurs Obfervations.

H ij

Il faut réparer cet oubli ; il faut dire qu'outre le droit d'indult que payoient les marchandifes de l'Inde importées par
le Commerce libre, elles payent/encore en droit de traite
25 livres par quintal ; plus, 10 fous pour livre de ce
droit.

Mais ces mêmes marchandifes importées de l'étranger,
autrement que par le Commerce national, payoient, outre
ces 25 liv., & 10 fous pour livre, encore 25 liv. en fus,
& les 10 fous ; en tout 50 liv., & les 10 fous pour livre du
cent pefant. Or la Compagnie a obtenu le privilége exclufif
d'introduire dans le Royaume ces marchandifes, que les Négocians euffent été chercher aufli bien qu'elle dans les marchés étrangers, & elle s'eft fait en même temps exempter de
la moitié de ce droit ; & tandis que les toiles qui reviennent
aujourd'hui dans nos ports des expéditions du Commerce
libre dans l'Inde, payent encore au Roi le droit d'indult, &
25 liv., & 10 fous pour livre du cent pefant, une Compagnie établie, dit-on, pour avoir à tout prix un Commerce
dans l'Inde, fait entrer dans le Royaume des toiles achetées
dans les marchés étrangers, fans en payer ni droit d'indult,
ni le doublement du droit établi pour favorifer le Commerce
de l'Inde.

Il faut l'avouer, il étoit difficile, en matiere d'adminiftration du Commerce, de poufer plus loin la violation de tous
les principes, & l'injuftice envers tous les citoyens, léfés par
des priviléges fi exorbitans. Mais fans faire un crime à ceux
qui ont fait ou follicité cette injuftice, qui peut ne leur avoir
pas été montrée fous fes véritables couleurs, il eft bien naturel de reprocher à la Compagnie qu'elle a fait perdre au re-

venu public tout ce que ces droits auroient produit au
fifc.

Selon une eftimation modérée , ce droit de traite, payé
par le Commerce libre , produiroit au Roi annuellement
environ 1800 mille livres , en ne fuppofant dans le Commerce que le degré d'activité qu'il avoit à l'époque de l'établiffement de la nouvelle Compagnie ; mais il faut bien fe
fouvenir que cette activité alloit fans ceffe croiffant , & par
conféquent qu'on eft en droit de regarder comme perdu pour
l'Etat , par le fait de la Compagnie, tout ce qu'il auroit rendu,
porté au point où il devoit naturellement atteindre.

Il fuit de ces faits , qu'en joignant les deux articles ,
droit d'indult fur les marchandifes de l'Inde, qui produifoit
au Roi 1500 mille liv. , & moitié du droit de traite fur les
toiles étrangeres introduites dans le Royaume autrement
que par le Commerce national de l'Inde , évalué à 1800
mille liv. ; le Roi & la Nation facrifient , dans un moment
de befoin preffant , une fomme de trois millions 300 mille
liv. pour faire faire le Commerce de l'Inde par une Compagnie plutôt que par le Commerce libre. Cet expofé n'a
befoin d'être accompagné d'aucune réflexion.

V I I I.

Sous cet article , les Négocians remarquent, comme un
facrifice onéreux à l'Etat, l'engagement contracté par le Roi
d'indemnifer la Compagnie de toutes pertes excédantes
10 p. 100 fur fes capitaux, que pourroient lui occafionner
fes expéditions dans les deux premieres années.

MM. les Adminiftrateurs affignent deux raifons, qui juf-
tifient, felon eux, cette extrême complaifance du Gouvernement.

L'une eft, que la Compagnie couroit quelque rifque que
la Compagnie angloife ne traversât fes opérations, par les
vexations qu'elle a, difent-ils, conftamment exercées contre le Commerce particulier, & en défendant aux Fabricans de livrer aucunes marchandifes, jufqu'à ce que les cargaifons angloifes fuffent completes.

L'autre, qu'il étoit à craindre que les fonds que la nouvelle
Compagnie deftineroit à fes achats fuffent faifis pour les
dettes que l'ancienne avoit laiffées au Bengale.

Ces raifons font infuffifantes : pourquoi faut-il que l'Etat
mette des Entrepreneurs de Commerce à l'abri des rifques
d'une entreprife qu'ils font volontairement ? A entendre ces
Meffieurs, on croiroit que le Gouvernement, voyant tout
commerce avec l'Inde abfolument détruit, nos fabriques
manquant des matieres premieres, & nos confommateurs, des
divers objets que ce Commerce fournit, fe foit mis aux pieds
de quelques particuliers, en les conjurant de faire le Commerce de l'Inde, & que ceux-ci, par complaifance ou par
un pur amour du bien public, aient répondu : *A la bonne*
heure, nous ferons ce Commerce, mais à la condition que vous
nous ferez telles & telles faveurs, &c. ; & de plus, que vous nous
garantirez tous les rifques au-deffus de 10 p. 100.

Mais le Commerce de l'Inde fe faifoit ; nous l'avons
prouvé, & ceux qui le faifoient ne demandoient point de
garantie à l'Etat, & l'exerçoient à leurs périls & rifques :
pourquoi faut-il à une Compagnie, qui, felon fes défen-

feurs, a des moyens fi puiffans, comparés à ceux du Commerce particulier, pourquoi lui faut-il une garantie, dont
fe paffe le Commerce particulier?

N'eft-il pas étrange que la Compagnie faffe valoir
en fa faveur les vexations qu'effuye, dit-elle, le Commerce particulier, lorfque le Commerce particulier lui-
même ne s'en plaint pas, ou les compte parmi les frais &
les rifques de fon entreprife, fans exiger que l'Etat l'en dé-
dommage?

En un mot, ces dédommagemens promis à la Compagnie n'étoient nullement néceffaires ; le Commerce particulier ne les eût pas demandés. Il a donc grande raifon de
reprocher à la Compagnie l'indifcrétion avec laquelle elle
fe les eft fait promettre par le Gouvernement.

I X.

Les Négocians avoient dit, que le privilége de la Compagnie empêche les productions de notre territoire & de
nos Manufactures de fervir d'échange dans les marchés
d'Afie.

Pour repouffer ce reproche, la Compagnie nous renvoye
aux tableaux des deux premieres expéditions que fes Adminiftrateurs ont remis au Miniftre des Finances.

Nous n'avons rien à dire d'une piece que nous ne con-
noiffons pas, fi ce n'eft d'y oppofer des faits que nous con-
noiffons. Ces faits font, que le Commerce particulier pour
l'Inde exporte beaucoup plus de productions du fol & de
l'induftrie du Royaume, que n'en exporte & que n'en peut

exporter la Compagnie ; & voici la preuve & en même temps l'explication de ce fait.

Dans le Commerce réservé à la Compaguie par son privilége, à l'exclusion de tous les Négocians des ports du Royaume , il faut diftinguer celui de la côte de Coromandel & du Bengale, d'une part ; & de l'autre , celui de la côte Malabare ou golfe Perfique & de la mer Rouge , & en général , de toutes les parties de l'Inde où ne font pas les établiffemens françois & anglois. Ces derniers pays font autant de mines riches que n'ouvrent point & que ne peuvent exploiter les Compagnies , mais que le Commerce particulier fait reconnoître , & dont il fuivroit jufqu'aux derniers filons avec le feul fecours de la liberté.

C'eft dans toutes ces parties de l'Inde que fe feroit naturellement, & avec un grand avantage, une importation confidérable de nos draps , de nos vins & eaux-de-vie, de nos fers, de nos cuivres, &c., & de mille autres objets de notre induftrie , dont le Commerce libre fait fes cargaifons , d'abord en petites parties & en effais , & enfuite en plus grande abondance après fes premiers fuccès, qui font bientôt fuivis de plus grands ; & tandis que des Compagnies ne favent que fuivre les routes battues du Bengale & de la côte de Coromandel , commerces dans lefquels elles exportent en effet très-peu de marchandifes & beaucoup d'argent, le Commerce particulier , forcé toujours , par la nature des relations de l'Afie avec l'Europe , d'exporter moins de marchandifes que d'argent, augmente beaucoup la quantité de nos productions exportées , relativement à la valeur qu'il exporte en efpeces ; & voici des preuves de cette différence , à l'avantage du commerce particulier.   Selon

Selon l'état cité ci-deſſus, dreſſé à l'Orient, & remis au Miniſtre de la Marine, les exportations à la côte de Coromandel & Orixa, & au Bengale, réunies, peuvent être en marchandiſes 3,271,500 liv.; & en eſpeces, 21,851,200 l. C'eſt un peu plus d'¹⁄₇ en marchandiſes, de la valeur exportée en piaſtres.

D'un autre côté, les exportations à la côte de Malabar & mer Rouge, peuvent être, en marchandiſes, de 988,750 liv., en eſpeces, 3,238,790 liv.; c'eſt un peu moins d'¹⁄₃ en marchandiſes, de la va'eur exportée en argent.

De cette ſeule comparaiſon, il réſulte que le Commerce principal de la Compagnie, celui qui abſorbe tous ſes fonds, celui de la côte de Coromandel & du Bengale, eſt celui qui exporte le moins de marchandiſes & productions du Royaume, & le plus d'argent, & que celui qu'elle néglige, & qu'elle ne peut exploiter utilement, auquel elle ne peut donner l'étendue que lui donneroit le commerce libre, eſt celui qui fourniroit les débouchés les plus abondans à l'exportation des produits de notre ſol & de notre induſtrie. C'eſt donc avec toute raiſon que nous avons dit, dans notre court Mémoire, que le privilége de la Compagnie fait que les productions de notre territoire & de nos Manufactures ne ſervent plus d'échange dans les marchés d'Aſie; aſſertion que nous n'avons pas donnée comme devant être priſe à la rigueur, mais comme exprimant ſeulement la diminution qui doit réſulter du privilége de la Compagnie dans l'exportation de nos ouvrages & de nos produits.

Dans le tableau donné ci-deſſus, les exportations en marchandiſes pour le Bengale & la côte, portées à

I

un septieme de la valeur totale des exportations, les six autres septiemes devant être fournis en especes ; ces exportations, disons-nous, sont celles que fait communément le Commerce particulier ; mais il s'en faut beaucoup que celles des Compagnies soient aussi avantageuses au Royaume. Sans avoir vu les états auxquels nous renvoye la nouvelle Compagnie, nous ne craignons pas d'assurer qu'elle n'a pas exporté plus d'un neuvieme en marchandises pour le Bengale & Coromandel. Un de ses Avocats & de ses Actionnaires le plus accrédité, vient d'imprimer que les neuf dixiemes de ce Commerce n'ont jamais pu & ne pourront jamais se faire qu'avec de l'argent porté d'Europe. S'il entend parler de ce commerce fait par Compagnie, il va encore plus loin que nous. Mais ce qu'il n'a pas dit, & ce qui est vrai, c'est que tout le Commerce aux Isles de France & de Bourbon, & à la côte orientale d'Afrique, & à toute l'Inde, & à la Chine, livré aux Négocians particuliers, exporteroit tout à l'heure, non pas un dixieme, ni un neuvieme, ni un septieme seulement, mais jusqu'à un cinquieme en productions du sol & de l'industrie du Royaume, & bientôt une beaucoup plus grande portion sur la valeur totale de ses expéditions.

Il exporteroit un cinquieme ; c'est encore le résultat d'un tableau détaillé de toutes les exportations pour l'Inde & Chine, où sont indiquées les quantités & especes des marchandises à exporter de France dans un commerce régulier, suffisant pour fournir aux besoins du Royaume. Dans ce tableau, nous trouvons en marchandises exportées. 5,215,250
En especes. 27,977,992

ce qui établit le rapport des valeurs exportées en marchan-, difes, à celles qui font exportées en efpecesfur le pied d'en-viron 1 à 5.

Mais il y a bien mieux à faire , & le Commerce particu-lier eft bien sûr d'en venir à bout. En voici la preuve ; dans un état envoyé de Marfeille, dont on ne fauroit révoquer l'exactitude en doute.

Selon cet état, quatre expéditions pour l'Inde , faites dans une année par une feule maifon, ont
exporté 300 balots de draps , valant . . 500,000 l.
Et des cuivres , fers, vins, eaux-de-vie,
fil d'or, & autres articles de nos Manufactures , pour une fomme de , ... 1,460,000
_____
1,960,000
Et en efpeces ou lettres de change. . . 1,940,000 l.

Où l'on voit une valeur exportée en produits de notre fol & de notre induftrie, fupérieure à celle des efpeces.

Enfin nous terminerons cet article par une obfervation bien capable de frapper une Adminiftration éclairée.

Quand on pourroit fuppofer que la Compagnie expor-tera autant de denrées & de marchandifes de France que le Commerce libre, la premiere de ces exportations ne feroit certainement pas auffi avantageufe au Royaume que la fe-conde. La raifon en eft, qu'une Compagnie, acheteur uni-que de ces exportations, fait la loi au producteur & au Ma-nufacturier du Royaume , & ne prend d'eux qu'aux prix les plus bas, tandis que les Commerçans ifolés , répandus dans toutes les villes maritimes du Royaume, font entre eux en une concurrence utile à l'Agriculteur & au Fabricant, con-

I 2

currence qui excite l'un & l'autre, par le meilleur prix, à une plus grande activité dans la production, & à une plus grande perfection dans la fabrication. Il est donc vrai, dans plus d'un sens, que le privilége de la Compagnie nuit aux productions de notre territoire & de nos Manufactures, en ce qu'on pourroit en exporter aux marchés de l'Asie.

X.

L'Observateur s'efforce ici de répondre à trois reproches énoncés dans la partie correspondante du Mémoire des Négocians.

La Compagnie n'a présenté dans ses ventes que des quantités insuffisantes de marchandises.

Elle les a achetées des étrangers.

Elle les a vendues à des prix très-hauts, & a retiré celles qui sont les plus nécessaires aux Fabriques du Royaume, lorsqu'on n'a pas voulu les lui payer à un prix excessif.

Ces reproches ne sont qu'énoncés dans le Mémoire des Négocians, qui n'ont pas pensé qu'il fût nécessaire de prouver des faits aussi publics que ceux-là. MM. les Administrateurs n'entreprennent pas de contester les deux premiers, mais seulement de les expliquer ; quant au troisieme, ils n'y opposent qu'une réponse générale & vague, dont nous ferons sentir la foiblesse.

Voyons d'abord leurs explications des faits qu'ils ne peuvent nier. Pour accuser d'insuffisance les ventes faites par la Compagnie, il faut attendre, disent-ils, qu'elles soient formées des marchandises qu'elle aura fait venir de l'Inde.

Les retours de cette année ne peuvent pas prouver cette insuffisance.

Nous répondrons que les retours de cette année prouvent l'insuffisance des ventes de la Compagnie pour cette année, & c'est toujours un reproche grave à faire à la Compagnie, d'avoir empêché le Commerce de continuer d'approvisionner le Royaume, lorsqu'elle-même n'est pas encore en état de l'approvisionner.

MM. les Administrateurs se défendent sur ce que la Compagnie fera à l'avenir, & ils nous renvoient toujours à l'expérience qu'ils veulent faire à nos dépens & aux dépens de tout le Royaume.

Mais puisqu'il est prouvé que le Commerce libre fournit au Royaume toutes les marchandises de l'Inde dont il a besoin, que nous importe de savoir, par une nouvelle expérience, si la Compagnie pourra faire ce que fait le Commerce libre ?

Voyons cependant si l'on peut se reposer sur les espérances qu'on nous donne, & si nous ne sommes pas en droit de nous en défier.

1°. Il est évident que la consommation du Royaume en toiles, étant estimée à environ 60 millions, la Compagnie ne peut pas en fournir cette quantité par le Commerce direct de l'Inde, elle qui n'a que 40 millions de capital, elle qui est intéressée à ne pas compléter ses fournitures, afin d'augmenter ses profits par le surhaussement de prix aux ventes, &c.

2°. La quantité de marchandises de l'Inde, nécessaire au Royaume, est formée de ce qui s'en importe directement de l'Inde, & de la partie des toiles étrangeres qui entroient en payant des droits au fisc. C'est de ces deux sources que le Fabricant & le Consommateur tiroient, dans l'état de liberté du Commerce, les toiles qui leur étoient nécessaires, & l'approvisionnement étoit suffisant.

La Compagnie a fait prohiber l'introduction des toiles étrangeres, sous le prétexte de l'intérêt des Fabriques nationales. Son véritable motif a été de s'approprier le monopole de toutes les toiles étrangeres nécessaires au Royaume. Elle n'en vient pas à bout; mais quoiqu'il entre encore en contrebande des toiles étrangeres, il est pourtant vrai que le prix des toiles nécessaires à nos Manufactures, & la difficulté d'en avoir, sont augmentés en même raison. L'approvisionnement n'est donc plus suffisant comme dans l'état du Commerce libre, puisqu'en ce genre, cherté est synonyme de défaut d'approvisionnement.

3°. Le Commerce particulier s'étendant de jour en jour, seroit arrivé bientôt à augmenter beaucoup l'approvisionnement en toiles tirées de l'Inde directement, & peut-être à en fournir à la plus grande partie de nos consommations & de nos Fabriques. C'est ce qu'il est impossible d'attendre d'une Compagnie limitée dans son capital, & dont l'intérêt la pousse naturellement à importer peu de marchandises, pour les vendre à plus haut prix, & à les importer par d'autres voies que le Commerce direct avec l'Inde.

Or cela posé, quand la Compagnie viendroit à bout d'apporter directement de l'Inde autant de toiles qu'en apportoit le Commerce libre au moment de l'établissement de la nouvelle Compagnie, on est encore en droit de dire à celle-ci, qu'elle n'en apporte que des quantités insuffisantes, parce qu'elle n'en apporte pas autant, & ne pourra jamais en apporter autant qu'en apporteroit, avec le temps, le Commerce libre.

Paſſons au reproche fait à la Compagnie ſur ſes achats dans les magaſins des Compagnies étrangeres.

MM. les Adminiſtrateurs ne nient pas le fait ; ils nous expliquent ſeulement les motifs qu'a eus le Miniſtere de leur donner le droit excluſif d'acheter des étrangers, pour nous les revendre cherement, des toiles que nous achetions nous-mêmes fort bien ſans eux.

Mais d'abord y a-t-il quelque explication qui puiſſe faire entendre pourquoi on ôte au Commerce la liberté d'acheter ſes toiles où il veut, ſi-tot que le Gouvernement ne peut pas avoir, par cette prohibition, un Commerce direct de l'Inde.

S'il faut une Compagnie privilégiée pour faire le Commerce de l'Inde, il n'en faut pas pour acheter des toiles à Londres & à Hambourg. Attendez du moins que votre nouvelle Compagnie tire des marchandiſes de ſon propre Commerce, pour nous forcer de les acheter d'elle. Voilà ce que dictent également l'équité & le bon ſens.

Si l'on reproche à la Compagnie d'acheter ſes toiles des étrangers ; ce n'eſt pas que ce ſoit un crime en ſoi que cette opération de Commerce, c'eſt parce que cette faculté eſt ôtée aux Négocians particuliers, pour être donnée à des privilégiés, qui n'ont eu d'autre prétexte pour l'obtenir, que le ſoin dont ils ſe chargent de faire le Commerce de l'Inde, qu'ils ne font pas encore, ou qu'on feroit bien ſans eux; c'eſt parce qu'en donnant à la Compagnie un privilége excluſif, on peut exiger d'elle qu'elle apporte tout de l'Inde, & n'achete rien en Europe, puiſque ſon privilége lui eſt donné pour faire fleurir le Commerce national dans l'Inde.

Mais voyons enfin l'explication de ces Messieurs.

Le Roi, disent-ils, par un arrêt du 10 Juillet 1785, avoit interdit l'entrée de toutes les toiles étrangeres, autres que celles qui seroient importées de l'Inde par le Commerce national ; & comme les expéditions du Commerce libre n'étoient ni suffisantes ni assorties, les Administrateurs de la Compagnie furent chargés par le Ministre, en attendant leurs retours de 1787, d'y suppléer par des achats faits aux ventes étrangeres en Europe, pour diminuer la contrebande de ces mêmes marchandises, & les faire baisser de prix en faveur des Sujets du Roi.

Voilà certes une étrange réponse ; car elle consiste à justifier une mauvaise opération, le privilége donné à la Compagnie d'acheter les toiles des Compagnies étrangeres, par la nécessité de soutenir une autre opération non moins mauvaise, la défense de l'introduction des toiles étrangeres, qui faisoit courir à nos Manufactures le risque de manquer de toiles étrangeres : mais nous demandons, pourquoi a-t-on rendu l'arrêt du 10 Juillet, qui exposoit nos Manufactures à manquer de toiles ?

Enfin si les toiles étrangeres sont nécessaires à nos Fabriques, pourquoi en interdire l'entrée ; & si l'on permet à la Compagnie de les acheter à l'étranger, & de les introduire, pourquoi ne pas le permettre aux Négocians & Fabricans du Royaume ?

Nous avons dit encore que la réponse de MM. les Administrateurs sur cet article portoit sur des faits faux. Tel est celui que les expéditions du Commerce libre n'étoient ni suffisantes ni assorties. Tout le monde sait que les expéditions

ditions du Commerce libre apportoient plus de marchandises de l'Inde, employoient un plus grand capital que n'a jamais fait l'ancienne Compagnie. Où sont d'ailleurs les Négocians, les Fabricans, les Consommateurs du Royaume,
qui se soient plaints, sous le régime de la liberté, de manquer de toiles, & de ne pas trouver des marchandises assorties ? N'est-il pas étrange qu'on fonde la défense de la Compagnie, en un point de cette importance, sur un fait notoirement faux ?

Reste l'imputation faite à la Compagnie d'avoir vendu,
à des prix excessifs, les marchandises de l'Inde, & de les
avoir retirées de ses ventes, lorsqu'elles n'atteignoient pas
au taux que le monopole la mettoit en état de fixer.

Nous sommes fort éloignés de faire un crime aux Administrateurs de la Compagnie d'en avoir agi ainsi; ils n'ont
fait qu'user du droit que leur donnoit le monopole une fois
établi, ils n'ont fait que veiller aux intérêts de leur Compagnie. Ce n'est donc pas d'eux qu'on peut se plaindre; c'est du
monopole en lui-même, & de ceux qui l'ont accordé. En
voilà, dirons-nous, les suites funestes. Au lieu des prix naturels que donne une libre concurrence, on n'a plus que des
prix factices, établis sur la simple volonté, la convenance,
& quelquefois le caprice des vendeurs

Personne ne peut douter que cette maniere de conduire
le Commerce ne soit mauvaise en Administration. Il ne s'a-
git donc que de prouver qu'elle a lieu sous le régime de la
nouvelle Compagnie, & voici un fait en ce genre que nous
ne craignons pas d'articuler.

En 1786, il est arrivé, par le *Dauphin*, 40,800 livres
de soie de Nankin; elles furent exposées en vente; on en

K

adjugea un lot de 180 livres , à 42 liv. 10 fous. En Octobre , la Compagnie retira le refte , malgré les engagemens
pris avec les Adjudicataires de tout vendre ; elles n'ont
été vendues qu'en Février fuivant , fur les plaintes des Négocians , à une grande maifon de commerce, qui les a prifes,
pour le compte de la Compagnie , qui en a foutenu long-
temps le prix , & qui les a données depuis à 15 p. 100 de
moins que ne les ont payées les autres Adjudicataires. On
ne craint pas fur ce fait d'en appeler à leurs livres.

MM. Les Adminiftrateurs n'ayant pas ignoré les plaintes
que cette affaire a excitées , ont cru fans doute répondre à
l'objection tirée de ce fait en particulier, en offrant de donner
des certificats de quatre-vingts Négocians qui ont affifté à la
dernière vente de l'Orient, & qui ont, difent-ils, témoigné
publiquement leur fatisfaction.

Nous obferverons fimplement, 1°. qu'un certificat pareil
de Négocians contens de la Compagnie, ne balanceroit
pas le mécontentement général qu'éprouvent & que témoi-
gnent , par notre organe, toutes les Villes de Commerce du
Royaume, du monopole de la Compagnie ; 2°. qu'une réponfe vague & générale ne détruit pas un fait particulier,
important , bien circonftancié, & qui eft d'ailleurs une conféquence fi néceffaire du monopole, qu'on peut affurer qu'il
en eft arrivé de pareils d'une manière ou d'une autre, fans
en avoir aucune preuve de détail , & qu'il en arrivera tant
qu'il y aura des Compagnies privilégiées.

X I.

Les Négocians des ports du Royaume fe plaignent de ce que l'établiffement de la Compagnie leur a ôté tout emploi de leurs gros vaiffeaux, qu'ils font obligés de vendre à perte aux étrangers.

La Compagnie fe défend contre ce reproche, en difant qu'elle a offert de prendre tous les vaiffeaux qu'on voudroit lui freter. Nous répondons qu'elle les a voulu freter à des conditions léonines & inadmiffibles par le Commerce, & que fes offres étoient illufoires ; & la preuve en eft, qu'elle s'eft conftamment refufée à communiquer la charte partie qui énonçoit ces conditions. Les Députés des villes du Royaume ont même fait récemment des tentatives inutiles pour en avoir copie ; elles reftent dans les mains de la Compagnie, pour être citées par elle vaguement dans fa défenfe, mais non pour être connues des Négocians, du Miniftere, & du Public, qui y retrouveroient bien vîte la tyrannie ordinaire à toutes les Compagnies.

Un Négociant de Marfeille écrit récemment : « J'ai trois vaiffeaux dans le port, qui font de retour de l'Inde depuis peu, & j'en attends, d'ici au mois de Septembre, un quatrieme, déjà de retour à l'Orient. Je n'ai aucun autre emploi à leur donner ; car il vaudroit autant pour moi les brûler que de les freter à la Compagnie aux conditions qu'elle fait à l'Orient : avec la liberté, je m'obligerai annuellement à en expédier trois, un pour la Chine, un autre pour le Bengale, & le troifieme pour la côte de Malabar, & à mettre fur chacun 150 mille liv. en marchandifes pour chaque cent

K 2

tonneaux. Si je n'obtiens pas d'employer ainsi quelques-uns de mes navires avant la fin de l'année, je les vendrai dans l'étranger à des Négocians qui ont le projet de les expédier aux Indes ».

On peut juger par-là si c'est avec quelque apparence de vérité que la Compagnie se targue, dans plusieurs endroits de ses observations, des égards qu'elle a eus pour le Commerce, en lui offrant de prendre de lui les gros vaisseaux qu'il ne peut plus employer à une navigation que le privilége lui interdit.

Il est bon de faire savoir que la Compagnie elle-même, sentant la justice de ce reproche qui lui étoit fait par le Commerce, a cherché à s'en laver; mais, par le rapprochement des dates, on voit clairement que son repentir a été tardif, & qu'il est postérieur aux plaintes adressées au Ministre par les Députés des ports du Royaume.

En effet, le Mémoire des Députés a été remis au Ministre le 10 Juin, & il faut croire que les plaintes du Commerce étoient connues de la Compagnie long-temps avant cette époque. Mais le premier signe de son repentir qu'ait donné la Compagnie, est une affiche répandue à Marseille le 18 du même mois, où les Administrateurs annoncent qu'ils admettront cette année les propositions des Négocians des différens ports du Royaume, pour lui affreter en tout ou en partie les vaisseaux dont elle aura besoin pour son expédition prochaine; & que les conditions essentielles de ces affretemens proposés par la Compagnie, seront consignées dans la charte-partie, entre les mains de leurs agens à Marseille, qui la communiqueront au Commerce, *sans déplacer.*

Affurément, avant de confier tout le Commerce de l'Afie à une Compagnie, & d'en exclure ainfi tous les Négocians de nos ports, on n'a pas confidéré les conféquences qui pouvoient réfulter de ce privilége pour notre Marine. Tout le monde fait qu'à la déclaration de guerre nos ports fe font trouvés pourvus de beaucoup de navires d'un grand port, qui avoient été conftruits pour le Commerce de l'Inde.

On en a conftruit de nouveaux pour l'approvifionnement de notre armée d'Amérique, & pour toutes les expéditions que la guerre entraînoit. On avoit l'efpérance de les employer au Commerce de l'Inde, au retour de la paix, & on les y a employés en effet dans le court intervalle de 1783 à 1785, époque de l'établiffement de la Compagnie.

Nous devons éloigner de nous fans doute toute idée de guerre ; mais enfin la guerre eft parmi les événemens poffibles : or, on le demande, fi ce malheur arrivoit après quelques années de paix, la continuation du Commerce exclufif de l'Inde ayant forcé les Armateurs à vendre leurs gros vaiffeaux aux étrangers, le Gouvernement ne feroit-il pas privé des reffources que lui auroit offertes le Négociant, fi la liberté du Commerce d'Afie lui eût permis de conferver fes bâtimens. Le Gouvernement facrifie donc, pour l'avantage de quelques individus feulement, les fecours qu'il peut tirer, au befoin, de la Marine marchande.

On nous dira que ces navires fe trouveront dans les mains de la Compagnie ; mais cette réponfe ne peut être reçue que des perfonnes qui croiroient que la Compagnie fera naître & tiendra en activité autant de marine commerçante que le Commerce libre de tous nos ports, & nous avouons que cette efpérance, il faut beaucoup de fimplicité pour s'y livrer, & beaucoup d'obftination pour l'entretenir.

X I I.

Nous avons préfenté dans notre Mémoire, comme une fuite fâcheufe du privilége de la Compagnie, les armemens de nos fpéculateurs fous pavillon étranger.

MM. les Adminiftrateurs font à cette objection deux réponfes, dont l'une confifte à dire, que dès avant ce qu'ils appellent le rétabliffement du privilége de la Compagnie (comme fi leur Compagnie avoit rien de commun avec l'ancienne), plufieurs Négocians avoient formé, avec des étrangers, des affociations pour le Commerce de l'Inde; l'autre confifte à répéter ce que nous leur objectons, que nous empruntons le pavillon étranger, & que nous faifons nos retours dans des ports étrangers.

La premiere de ces réponfes, la feule qui pût affoiblir l'objection, eft notoirement fauffe & démentie par des pieces authentiques. MM. les Adminiftrateurs n'entendent pas fans doute faire un crime au Commerce d'avoir dérobé fa marche & fes expéditions à l'ennemi pendant la guerre, en fe cachant fous le pavillon étranger, & faifant fes retours dans les ports neutres.

Mais depuis la guerre, le premier armement de ce genre qu'on trouve, eft du port de Marfeille, au mois d'Avril 1786. Une lifte exacte de trois cent quarante-deux navires, employés au Commerce de l'Inde de 1770 à 1785 inclufivement, lifte certifiée véritable par des Officiers publics, &

remife fous les yeux du Miniftre de la Marine, ne préfente aucun armement fait fous pavillon étranger avant 1785, époque de l'établiffement de la Compagnie.

Quant à la deuxieme réponfe de MM. les Adminiftrateurs, elle eft vraiment curieufe.

Les Négocians du Royaume difent au Gouvernement : Faites ceffer le privilége de la Compagnie; car fi vous continuez d'ôter au Commerce national & libre l'emploi de fes capitaux & de fon induftrie dans le Commerce de l'Inde, les Négocians feront ce Commerce fous pavillon étranger, au défavantage du Royaume, qui y perdra tout ce qu'y gagnera l'étranger, auquel vous le forcez d'avoir recours.

A cette preffante objection, MM. les Adminiftrateurs répliquent que le Commerce arme pour l'Inde fous pavillon étranger, dans l'intention de faire fes retours dans les ports étrangers, & de faire entrer en fraude dans le Royaume les marchandifes qui proviendront de ces armemens illicites.

Mais en répétant une objection, on ne la détruit pas. C'eft par le fait de la Compagnie & de fon privilége, que des armemens fous pavillon étranger font fubftitués aux armemens de notre propre Commerce; & fi c'eft là un mal, on eft donc en droit de le reprocher à la Compagnie. Nous armons fous pavillon étranger, pour nous défendre de la Compagnie, comme nous armons en temps de guerre fous pavillon neutre, pour nous fauver des ennemis, ou comme les Italiens prennent pavillon françois, pour échapper aux Barbarefques.

On ne prétend donc pas diffimuler cet effet du privilége de la Compagnie; il eft fenfible dans l'Etat fuivant des expéditions faites du feul port de Marfeille pour l'Inde, fous pavillon étranger, depuis l'établissement de la Compagnie.

En 1786, le *Saint-Charles*, de 700 tonneaux, sous le nom de la Maison Ricci, de Livourne, dont la mise hors & chargement sont évalués à 1,112,000 l.

En 1787, 15 Février, l'*Hedwigt Sophia*, Suédois de 450 tonneaux, mise hors. . . 1,010,000

22 du même mois, les *Archiducs de Toscane*, sous le nom de la maison Ricci, mise hors. 1,480,000

Même mois, le *Grand-Duc de Toscane*, maison Ricci. 1,030,000

Avril, 28, le *Prince de Piémont*, sous le nom de J. B. Guido de Nice, mise hors. . 1,387,000

$$\overline{6,019,000 \text{ l.}}$$

Et comme il y a lieu de présumer que d'ici à la fin de l'année 1787, si, contre l'espérance qu'à conçue le Commerce, le privilége de la nouvelle Compagnie n'étoit pas détruit, il se fera encore d'autres expéditions sous pavillon étranger; il se perdra donc encore pour la Nation des occasions & des moyens de travail, d'industrie & d'emploi de capital, pour se soustraire à l'oppression que cause ce privilége.

Mais comment les Administrateurs de la Compagnie ont-ils le courage de faire un crime aux Commercans d'une conduite à laquelle ils les forcent eux-mêmes, par tous les moyens que le privilége leur met en main ; & nous ne craignons pas de dire, par des extensions violentes & injustes de ce même privilége, déjà si injuste en soi ?

Voici comment une de nos villes de Commerce s'exprime à ce sujet.

Le

« Le Commerce national avoit établi, depuis la paix, des relations dans l'Inde ; il y avoit laissé de l'argent pour y faire faire une partie des cargaisons des expéditions subséquentes qu'il se proposoit d'y envoyer. La nouvelle Compagnie a été formée ; les Armateurs ont sollicité en vain la permission de faire de nouvelles expéditions, pour faire les retours de leurs fonds ; cette permission leur a été refusée : ils ont pris le parti d'armer des vaisseaux sous pavillon Toscan, Ostendois & Portugais ; ils ont été obligés de prendre à leur solde des étrangers, de payer des commissions considérables, commissions qui seront plus que répétées par les retours de ces mêmes vaisseaux, qui seront obligés de désarmer & de vendre leurs cargaisons dans les lieux d'où ils sont partis. Ce sont là des inconvéniens pour l'Etat & pour nous-mêmes ; mais c'est le monopole de la Compagnie qui nous force de nous y soumettre comme à un moindre mal, & qui cause à l'Etat la perte qui en résulte ».

Selon le Mémoire d'une autre place de Commerce.

« Tous les jours, les bâtimens particuliers, dont les retours ont été retardés par des circonstances inattendues, si communes dans des voyages de long cours, ont à se défendre, à leur arrivée en Europe, des vexations des agens de la Compagnie. Les marchandises chargées à fret sur le vaisseau l'*Atlas*, arrivé au port de l'Orient dans les derniers jours du mois d'avril, ont été arrêtées jusqu'au 13 juin ; les cargaisons & marchandises à fret sur les vaisseaux le *Cléomene* & le *Consolateur*, arrivés aussi depuis peu, sont dans le même cas, & l'on se voit forcé de recourir à la justice du Roi, pour obtenir la main-levée des retours des fonds que le Commerce particulier avoit laissés dans l'Inde, lorsqu'il étoit en pleine

L

liberté, & qu'il ne pouvoit prévoir qu'il en feroit dépouillé. Cependant quelques maifons confidérables, ont redouté & prévu ces vexations; afin de s'y fouftraire, elles ont expédié fous des pavillons étrangers, pour faire la rentrée de leurs fonds ».

A ces plaintes générales, qui, partant des Négocians de toutes nos villes maritimes, doivent avoir tant de force par cela feul, ajoutons un fait détaillé.

Dès le commencement de 1785, les fieurs Rabaud & Compagnie, de Marfeille, avoient dans ce port le vaiffeau *le Sartine*, de retour d'un voyage à la mer Rouge, fous pavillon du Roi de Sardaigne. Ils l'avoient mis en armement & radoub dès le commencement du mois d'Avril, fous le nom de *la Vicomteffe de Beffe*, en vertu d'une permiffion obtenue pour un vaiffeau de ce nom, par le fieur Seimandi, qui la leur avoit cédée, par acte du mois de Février, enregiftré au Greffe de l'Amirauté.

Ces époques, antérieures à l'arrêt de l'établiffement de la nouvelle Compagnie, font conftatées par les regiftres publics & par ceux du capitaine du port. La cargaifon du navire confiftoit en drap, fil d'or, cuivre & fer, vins, eaux-de-vie, & autres articles, produits du fol & des fabriques du Royaume, & d'une partie de piaftres.

Quoiqu'il fût inconteftablement prouvé que l'armement des fieurs Rabaud étoit commencé avant qu'on eût connoif-fance de l'arrêt du 14 Avril 1785, la Compagnie a traverfé, fous prétexte de fon privilége, l'expédition de ce vaiffeau pendant plus d'une année, & elle n'a confenti à fon départ qu'en impofant la loi aux Armateurs de le lui donner à fret pour le retour de l'Inde, fauf à eux de faire expédier à l'é-

tranger, par des navires étrangers, les retours de la cargaifon que la *Vicomteffe de Beffe* avoit portée à Pondichéry,
pour compte defdits fieurs Rabaud & Compagnie.

Rien n'eft plus marqué que l'injuftice dans cette conduite
de la Compagnie, & le dommage qui en réfulte pour les intérêts du Royaume. On empêche des Négocians de fuivre
une expédition commencée fur la foi publique, fous le régime de la liberté; on donne à un privilége, odieux déjà de
fa nature, un effet rétroactif; on force ces Négocians, au
préjudice de la navigation nationale, d'avoir recours à des
vaiffeaux neutres, pour rapporter les retours de leurs propres expéditions.

On fait perdre au Roi, dans un état de befoin que les
événemens poftérieurs n'ont que trop bien prouvé, plus de
50 mille écus pour le droit d'indult qu'auroit payé la cargaifon de retour, ainfi que les droits des fermes qu'elle auroit acquittés à l'Orient.

En vain les fieurs Rabaud ont mis ces raifons fi frappan-
tes fous les yeux des Adminiftrateurs de la Compagnie, &
même des Miniftres de cette époque ; tout a été inutile, &
ces Négocians fe font vus dans la néceffité de freter un vaiffeau Suédois, *l'Edwige Sophie*, Capitaine Sager, pour aller
recevoir à Pondichéry & à Chandernagor la cargaifon qui
forme les retours de *la Vicomteffe de Beffe*, & qui confifte en
toileries utiles à la confommation, aux manufactures, & au
Commerce du Royaume, qu'on fera forcé de débarquer en
pays étranger. Tels font les procédés de la Compagnie & les
opérations défaftreufes qui réfultent de fon privilége. Comment ofe-t-elle donc faire un crime au Commerce particulier
de la perte qui peut en réfulter pour l'état ?

Nous expliquerons en gros quelle est cette perte causée au Royaume par ce changement forcé dans la marche naturelle du Commerce, à la suite du privilége de la Compagnie.

Lorsqu'un Armateur de Marseille est contraint, par ce privilége, de faire son expédition dans l'Inde sous pavillon étranger, son vaisseau peut être construit en France ; ainsi, sa construction, les profits qu'elle donne à ceux qui y coopèrent, ne font pas perdus pour le Royaume. Son avictuaillement peut être fait en France. Il y a pourtant beaucoup de cas où le navire devant partir du port étranger où il ira prendre son équipage, dont le fonds doit être étranger, selon les lois de la mer, y prendra aussi une partie de ses vivres. Ainsi, si notre vaisseau marseillois doit partir d'un port d'Italie, il y prendra quelque partie de ses vivres. Cette portion de l'approvisionnement du navire sera donc enlevée aux producteurs des vivres françois.

Il en sera souvent de même de la cargaison destinée à être importée dans l'Inde. Si le vaisseau fait escale dans un port étranger, c'est une occasion & une raison pour lui de charger des marchandises & productions de ce pays, au lieu de celles de France , & il doit arriver naturellement qu'une portion encore de cette cargaison, exportée dans l'Inde, sera étrangère : nouvelle perte pour la culture & l'industrie françoise, non pas de toute la valeur de la denrée ou production des fabriques exportées, qui trouvent ailleurs quelque autre emploi, mais du profit que donneroit aux producteurs & à toutes les mains intermédiaires, la concurrence plus grande résultante de l'exportation ouverte dans l'Inde, & que le privilége de la Compagnie fait passer dans le pays étranger.

Mais suppofons les circonftances les moins défavorables à la France, relativement à ces deux premiers points ; de forte que vivres & cargaifon, tout foit françois. Suivons les détails de l'expédition de notre navire.

L'Equipage, les Officiers mariniers, le Capitaine ; tous, à l'exception d'un fubrécargue qui conduit l'expédition pour le compte du véritable capitalifte, font étrangers. Voilà des falaires payés à des étrangers, & voilà des Marins étrangers, au lieu de Marins François, exercés dans une utile & inftructive navigation.

Les falaires d'un équipage de foixante hommes, pour un vaiffeau de 600 tonneaux, deftiné pour l'Inde ou la Chine, font eftimés, pour l'année, à   32,400 liv.

Et pour dix-huit mois . . . . . .   48,600 l.

Les gratifications & avantages de tout genre aux Capitaines & Officiers . . .   60,000

2 p. 100 de commiffion à l'étranger, fur 900 mille livres   18,000

Ajoutons le droit d'indult, à 5 p. 100, fur une cargaifon de 900 mille liv. . .   45,000

Perte totale pour le Royaume . . .   171,600 l.

Au lieu de cela, comme le difent fort bien MM. les Adminiftrateurs, le navire armé fous pavillon étranger fait & rapporte fon chargement dans un port voifin du Royaume, d'où fes marchandifes rentrent en fraude, & le Roi & l'Etat perdent le produit de ces droits & le bénéfice de ce travai.

Nous favons bien que la Compagnie croit faire beaucoup contre le Commerce libre , en infiftant fur cette
fraude ; mais d'abord, puifque c'eft fon privilége qui y donne
lieu; elle n'a pas le droit de s'en plaindre ; & en fecond
lieu, cette fraude (nom que nous employons bien à regret)
a l'effet très-falutaire d'empêcher un moindre mal, celui
de laiffer manquer le Royaume de marchandifes néceffaires à fon approvifiónnement & à fes fabriques, puifque fi,
comme il eft prouvé, il faut à notre confommation & à nos
Fabriques au moins pour 60 millions de toiles de l'Inde,
la Compagnie ne pouvant certainement pas apporter plus
du tiers de cette quantité, nos befoins ne peuvent être
remplis que par l'introduction des toiles étrangeres fournies par un monopole ruineux, ou ne pouvant plus entrer
qu'en fraude. Mais, encore une fois, tous ces inconvéniens
font l'ouvrage de la Compagnie.

X I I I.

Dans ce paragraphe, le court Mémoire des Négocians,
& la Réponfe des Directeurs difcutent les conféquences que
peut avoir la fuppreffion du privilége de la Compagnie, en
Politique, en *Finance*, & en *Juftice*. On fuivra cette divi-
fion, en répliquant aux Obfervations de la Compagnie.

Traitons d'abord la queftion de Politique. Les Négocians
avoient dit, en quatre mots, une vérité bien fenfible; c'eft
que, dans la pofition actuelle de l'Inde, les moyens divifés
du Commerce particulier peuvent fervir plus utilement les
vues du Gouvernement, que les moyens réunis d'une petite
Compagnie,

Il femble qu'en ce peu de mots, ils avoient dit tout &
bien, & qu'aucun homme d'Etat ne peut s'y tromper.

MM. les Directeurs n'en jugent pas ainfi, & ils trouvent qu'il faut être étrangement aveuglé par la paffion ou
l'intérêt, pour tenir un pareil langage ; & pour juftifier cette
déclamation, ils s'écrient : « Qui croira jamais que des vaiffeaux particuliers, ifolés .... pourront fervir les vues du
Gouvernement, relativement à la *Politique*, de préférence à
une Compagnie folide & puiffante, dont les moyens & les
opérations excedent certainement ceux du Commerce particulier, & qui entretient conftamment dans l'Inde des agens
prêts à profiter de toutes les circonftances favorables au
Commerce de la Nation » ?

On demandera d'abord à ces Meffieurs la permiffion d'expliquer ce qu'ils entendent par *les vues du Gouvernement,
relativement à la Politique.* Il eft clair que, felon eux, ces vues
*font de chaffer les Anglois de l'Inde, à l'aide des établiffemens
d'une Compagnie folide & puiffante, qui puiffe lutter en Afie
contre la puiffance Angloife, au moyen d'agens prêts à profiter
de toutes les circonftances favorables.* C'eft du moins le fens
naturel de leurs expreffions, fur-tout fi on les explique par
celles d'un de leurs défenfeurs, l'auteur du précis, qui dit
nettement, qu'il faut une Compagnie *pour empêcher les Anglois d'établir dans l'Inde la domination univerfelle qu'ils
font fi près d'atteindre.*

Ainfi, une Compagnie de Négocians ne craint pas de prê-
ter au Gouvernement des vues hoftiles, qui font certainement bien éloignées des intentions du Roi, connues de toute
l'Europe, & que les faits n'ont jamais démenties.

Ainfi, ces Négocians nous propofent férieufement d'exécuter, avec leurs foibles moyens, un projet déraisonnable en foi, que l'ancienne Compagnie, favorisée des secours du Gouvernement, établie dans l'Inde depuis quarante ans, alliée à des Princes puissans du pays, n'a pu mettre à fin, & qui a entraîné sa ruine.

Nous opposerons ici l'Observateur à lui-même: au paragraphe VIII, il nous fait un aveu qui va l'embarrasser beaucoup, s'il veut tenter de le concilier avec ce qu'il nous dit ici de la nécessité d'une Compagnie exclusive pour seconder les vues de la Politique. Dans ce paragraphe, il avoit à justifier la Compagnie de son indiscrétion dans la demande qu'elle a faite, & qu'on lui a accordée, que le Roi lui garantît les pertes qu'elle pouvoit faire dans les premieres années de son établissement. La Compagnie répond, par la bouche de ses directeurs, « que cette faveur lui étoit né- » cessaire, parce qu'il étoit à craindre que les Anglois, » jaloux du rétablissement d'une Compagnie qui a eu autre- » fois une grande consistance, & qui peut procurer au Gou- » vernement des relations avec les Princes Indiens, qui » souffrent impatiemment leur domination, ne continuas- » sent les vexations qu'ils avoient constamment exercées » contre le Commerce particulier ».

Quoi, Messieurs, vous convenez qu'en rétablissant une Compagnie, il est à craindre que les Anglois ne soient alarmés de la consistance qu'elle peut prendre, & des relations qu'elle peut procurer avec les Princes Indiens, ennemis de leur domination, & vous nous donnez ici l'établissement de la Compagnie comme dicté par une saine politique? Il est donc, à votre avis, d'une bonne politique de jeter à six mille lieues d'ici des semences de discorde entre deux

Peuples

Peuples qu'une paix récente & un traité de Commerce viennent de réunir. Il eſt donc d'une bonne politique de ména-
ger & de préparer des guerres de Commerce. Ainſi , tandis
que les lumieres de la raiſon & les leçons de l'expérience
enſeignent enfin aux Rois eux-mêmes à prendre la guerre en
horreur ; voilà des Directeurs d'une Compagnie de Commerce , hommes de paix, ou qui devroient l'être , qui, dans
leur courte & abſurde politique , viennent conſeiller aux
Nations de s'armer d'un bout du monde à l'autre, pour leur
faire gagner 15 ou 20 pour 100 de plus ſur quelques pieces de toiles & quelques balles de café.

  Malheureuſes les Nations qui ſe laiſſeroient aller à cette
odieuſe politique du Commerce excluſif! C'eſt elle qui nous
a donné la plupart de ces guerres cruelles & ruineuſes , qui,
depuis près de deux ſiecles , ont déſolé l'Europe, & inondé
de ſang les trois autres parties du monde. C'eſt cette politique qui a dévaſté l'Inde ſous les pas de la Compagnie Angloiſe, & qui , au lieu des liaiſons d'un Commerce paiſible
& bienfaiſant entre l'Europe & ces riches contrées, y a jeté
les ſemences d'une horreur pour le nom Européen , qui fi-
nira par armer ces Nations nombreuſes contre cette poignée
d'étrangers devenus leurs tyrans.

  MM. les Adminiſtrateurs diront peut-être que, par la politique dont leur Compagnie doit être l'inſtrument, ils n'entendent pas une politique guerriere , mais ſeulement les
moyens de faire proſpérer le Commerce François aux dépens
de celui des Anglois, ce qui n'eſt pourtant pas le ſens naturel
de leur texte.

  Nous obſerverons d'abord , qu'au moins faut-il qu'ils déſa-
vouent ſur ce point pluſieurs de leurs défenſeurs, & nommé-

M

ment celui qu'on a cité tout à l'heure, qui ne diſſimulent point du tout le projet de chaſſer les Anglois de l'Inde avec leur petite Compagnie, qui, à ce qu'ils eſperent, deviendra grande, & qui, ne poſſédant aujourd'hui dans l'Inde que quelques villages, luttera, ſelon eux; contre la Compagnie Angloiſe.

Mais en admettant leur explication, la fauſſeté de leur doctrine devient frappante pour tous les yeux. S'il ne s'agit que de combattre le Commerce & l'induſtrie des Anglois dans l'Inde avec notre Commerce & notre induſtrie, combat que les deux Nations ont un égal intérêt de laiſſer s'établir entre les Négocians, pour l'avantage de leurs concitoyens conſommateurs, il eſt trop clair que le Commerce libre entrera dans la lice avec plus d'avantage que le Commerce privilégié. C'eſt ce qui ne peut ſembler un paradoxe qu'à ceux qui n'ont pas réfléchi ſur la matiere. C'eſt ce qu'on a dit & prouvé ſouvent, mais ce qu'il eſt important de dire encore en peu de mots.

Il n'y a qu'un moyen d'attaquer, avec quelque eſpoir de ſuccès, un commerce établi; c'eſt de le combattre avec l'arme de l'économie & du bon marché. Or il eſt inconteſtable que le Commerce libre met plus d'économie dans ſes opérations que le Commerce privilégié. Si donc on peut eſpérer de prendre quelque part au Commerce de l'Inde, envahi par la Compagnie Angloiſe, c'eſt en laiſſant au Commerce libre toute ſon activité.

Une preuve ſenſible de la foibleſſe des Compagnies privilégiées, & de la force naturelle du Commerce libre dans un combat de ce genre, eſt dans l'étendue même & la grandeur des ſecours étrangers que demandent les Compagnies pour tenter l'aventure. Le Commerce libre fe préfente feul, fans autres móyens que ceux qui lui font propres : il fe foumet même volontiers à des droits utiles au fifc ; il paye un droit d'indult confidérable ; il eft fujet à beaucoup de gênes & de frais dans fes armemens, dans fes retours, dans fes ventes, &c.; & il ne craint pas de fe mefurer avec toute la puiffance du Commerce Anglois dans l'Inde.

Il faut au Commerce privilégié un bien autre & plus couteux appareil, & que l'Etat en faffe les frais pour lui; il faut qu'on lui donne des ports, des magafins, des vaiffeaux, des priviléges qui embraffent le tiers du monde connu, des exemptions au préjudice du revenu public, une garantie des pertes qu'il peut effuyer; & enfin que, pour lui affurer l'exercice de ces droits ufurpés, on mette entre fes mains les moyens les plus durs, que le fifc emploie lui-même avec peine, pour la perception du revenu public. Une Compagnie privilégiée n'eft donc pas, par elle-même, auffi forte que le Commerce libre, pour feconder les vues du Gouvernement en faveur de l'établiffement ou rétabliffement du Commerce François dans l'Inde.

Nous ofons dire que, loin de chercher à feconder dans l'Inde les vues de la politique de MM. les Adminiftrateurs, qui heureufement ne font pas celles de notre Gouvernement, de chercher, difons-nous, à les feconder, par la confervation de la Compagnie, il faut au contraire fe hâter d'écarter cette occafion de querelles. Il ne faut pas fe le diffimuler ; une Compagnie, dans ce grand éloignement, une Compagnie néceffairement tentée d'affecter la grandeur & les prétentions de l'ancienne, peut très-facilement compromettre la Nation, foit avec les Princes du pays, foit avec

M 2

les Nations rivales. Celle-ci n'eft pas fouveraine comme l'ancienne; elle n'eft que marchande , & ce n'eft pas pour ce titre que les Princes Indiens auront de la confidération.

Quant aux Anglois , la Compagnie elle-même ne peut avoir dans l'Inde d'autre protection contre les violences, s'ils pouvoient s'en permettre en pleine paix, que la puiffance du Roi , & les lois mêmes des Nations rivales , qui puniffent dans leurs propres fujets les violations de la paix & des traités. Or ces deux fauve-gardes font pour les Commerçans particuliers comme pour la Compagnie.

Les partifans du Commerce exclufif ont conftamment menacé le Commerce particulier de vexations dans l'Inde , par la Compagnie Angloife. Pendant qu'a fubfifté le Commerce libre il y a eu fans doute quelques inconvéniens de ce genre, fur-tout aux approches & à la fuite de la guerre. Ces inconvéniens font une fuite naturelle de la fituation refpective des deux Nations dans l'Inde ; mais le Commerce les a calculés , & n'en a pas moins fuivi fes entreprifes avec fuccès ; d'un autre côté, la Compagnie elle-même y eft expofée autant & peut-être plus que le Commerce libre ; & la protection du Roi, qui eft le feul moyen de s'en défendre , n'eft pas plus affurée à la Compagnie, qu'à tout citoyen qui portera, de l'agrément du Roi, le Pavillon François dans les mers des Indes.

Il feroit indécent de fuppofer que le Roi ne pourra pas ou ne voudra pas faire rendre juftice à fes Sujets commerçans dans l'Inde. Il faudroit bien qu'il prît ce foin pour la Compagnie elle-même ; il le prendra pour les Négocians particuliers. Mais, encore une fois, les Nations nos rivales ne font pas des Nations barbares ; &, tant qu'on eft en paix avec elles, on obtient juftice chez elles-mêmes des violences que les lois les plus vigilantes n'empêchent pas toujours, mais qu'elles ne manquent jamais de punir.

X I V.

La queftion traitée dans ce paragraphe eft une des plus intéreffantes à éclaircir, pour déterminer le Gouvernement à prendre, fans inquiétude, la réfolution qu'on attend de fa fageffe & de fon équité.

Il s'agit de favoir fi la fuppreffion du privilége de la Compagnie peut avoir des inconvéniens réels & graves en Finance.

Ne peut-on pas craindre, dit-on, que le crédit public ne foit altéré par la fuppreffion de la Compagnie, & qu'il n'y ait une commotion trop grande dans les effets publics? Les actions n'éprouveront-elles pas une baiffe confidérable, & cette baiffe ne fera-t-elle pas un grand inconvénient que le Gouvernement doit écarter?

Obfervons d'abord que c'eft par des craintes de cette efpece, infpirées à l'Adminiftration; c'eft en lui préfentant le fort de la circulation générale, comme dépendant de la valeur des actions, qu'on a conduit le Gouvernement à ces opérations, non moins ruineufes qu'abfurdes, par lefquelles on a dilapidé des fommes immenfes, prifes fur le revenu public, pour foutenir le prix des actions. Aujourd'hui que la fauffeté d'une pareille mefure eft reconnue, on en propofe une qui n'eft pas moins déraifonnable, en demandant qu'on continue de facrifier la liberté du Commerce & tous fes avantages, au projet de foutenir le prix des actions, qu'on

fuppofe fauffement devoir tomber en non valeur, par la fuppreffion du privilége ; mais quand cette crainte feroit auffi
fondée qu'elle l'eft peu , l'Adminiftration actuelle n'auroit
pas plus de motif de tenir le Commerce dans l'oppreffion ,
pour ne pas voir tomber le prix des actions, qu'elle n'en a
eu de dépenfer onze & douze millions, pour les foutenir fur
la place au prix extravagant que l'agiotage leur avoit
donné.

Après cette obfervation préliminaire, nous entrerons
dans la queftion.

Les Négocians, dans leur court Mémoire, avoient raffuré
l'Adminiftration, par deux affertions bien précifes; l'une ,
que le fonds des actions exifte ; d'où il fuit que les actions
elles-mêmes ne peuvent defcendre au-deffous de leur pair
originaire ; l'autre, que ce fonds a dû être augmenté par des
bénéfices, d'où il fuit qu'elles fe foutiendront , même au-
deffus de ce pair ; & il eft clair que fi ces deux propofitions
font vraies, toute inquiétude doit ceffer pour le Gouvernement, fe déterminant à révoquer le privilége.

Maintenant nous n'irons pas chercher bien loin la preuve
de ces deux faits.

Il y en a d'abord une qui n'eft pas équivoque; c'eft l'aveu
formel des Adminiftrateurs de la Compagnie, dans cet article de leurs obfervations. *Sans doute,* difent-ils *, le fonds
des actions exifte , & les Adminiftrateurs ont affez de confiance
dans leurs opérations, pour convenir qu'il fera même augmenté
par des bénéfices.*

C'eft un grand aveu que celui-là. Les partifans de la
Compagnie , & récemment l'Auteur du *Précis pour la Compagnie des Indes,* n'ont ceffé de dire que la fuppreffion du

privilége porteroit un coup mortel au crédit public. Mais qu'on nous explique donc comment peut nuire au crédit public la suppreſſion d'une Compagnie qui non ſeulement a encore tout ſon capital exiſtant, mais dont le capital eſt accru par des bénéfices, puiſqu'il eſt impoſſible, dans cette ſuppoſition, qui eſt un fait, que ſes actions, non ſeulement n'aient pas leur valeur originaire, mais n'aient pas encore une valeur plus grande, établie ſur les bénéfices qu'elle a recueillis ou qu'elle eſt aſſurée de recueillir.

Mais ſans s'en rapporter uniquement à l'aveu des Adminiſtrateurs de la Compagnie, nous pouvons avancer, avec certitude, que les actions conſerveront, dans le cas de la ſuppreſſion du privilége, un prix capable d'aſſurer à leurs poſſeſſeurs, non ſeulement leur valeur originaire, mais encore tout l'intérêt de leur capital, & juſqu'à des bénéfices au delà. Pour s'en convaincre, il ne faut que jeter les yeux ſur les opérations de la Compagnie. Elle a dû gagner ſur les armemens qu'elle a faits ; elle a dû faire des bénéfices ſur ſes achats à Londres, à Liſbonne, à Copenhague : peut-on douter que ſes expéditions ne lui donnent un bénéfice conſidérable ? Celles du Commerce, dans ces derniers temps, ont rendu de 50 juſqu'à 100 pour 100. Peut-on imaginer que la Compagnie, favoriſée de tant de ſecours, d'avances, d'exemptions du Gouvernement, ne retirera pas de ſemblables & de plus grands produits de ſes opérations ?

La baiſſe qu'éprouvent les actions au moment où nous écrivons ceci, ne détruit pas cette eſpérance, parce que cette baiſſe eſt l'effet des craintes de guerre qui ſont une cauſe étrangere aux principes de la valeur naturelle des actions. Le crédit public ne peut donc pas être affecté par la ſuppreſſion du privilége.

Nous difons ce qu'on appelle le crédit public ; mais c'eft ici une occafion de protefter contre l'abus qu'on fait de ce mot, en l'appliquant aux actions de la Compagnie. Il eft trop clair que les actions des Indes ne font, en aucun fens, un effet véritablement public. C'eft le titre de chaque intéreffé dans une entreprife particuliere aux profits de cette entreprife, fi elle réuffit, & au recouvrement de fon capital, fi elle échoue. En quel fens l'appelleroit-on donc un effet public ? Comment le crédit de la Nation ou du Souverain qui la re-préfente, le feul crédit qu'on puiffe appeler public, fe trou-veroit-il lié avec celui d'une Compagnie d'entrepreneurs du Commerce de l'Inde ? Eft-ce leur privilége qui donneroit ainfi à leur fortune & à leur crédit le caractere de fortune publique & de crédit public.

Ce feroit bien plutôt une raifon de regarder l'une & l'au-tre comme ne tenant à la Nation par aucun côté, puifque le privilége lui-même ifole, autant qu'il eft poffible, la Com-pagnie au milieu de l'Etat, & établit entre fes intérêts & ceux de la Nation, non feulement une féparation, mais une op-pofition véritable. Que nous parle-t-on donc de crédit public, à propos des actions de la Compagnie ?

Il eft bien vraï que, par les fautes des Gouvernemens, il eft arrivé quelquefois que le crédit public s'eft trouvé mêlé, enchevêtré avec le crédit des Compagnies, comme lorfque l'Etat a voulu, par des mefures imprudentes, & je dirois prefque honteufes, employer pour lui-même, dans le défor-dre de fes affaires, le crédit de ces établiffemens. Mais nous efpérons ne revoir jamais renaître ces erreurs groffieres de l'Adminiftration : nous ofons dire que cette feule réflexion

développée

développée fuffiroit pour réfoudre, contre la Compagnie
toute la queftion que nous examinons ici.

Mais puifqu'il s'agit de confidérer la Compagnie par le
rapport que fon établiffement peut avoir avec le crédit public, c'eft le lieu de faire voir, que non feulement on peut
la détruire, fans craindre aucun ébranlement du crédit; mais
que la confervation même du crédit follicite fa deftruction.
C'eft ce que nous allons développer avec quelque étendue.

Perfonne n'ignore jufqu'à quel excès s'eft portée & fe
porte encore la pratique fcandaleufe de l'agiotage. Il n'y a
pas un bon efprit ni un Adminiftrateur éclairé qui ne regarde
l'agiotage comme un véritable ennemi du crédit public, fans
parler de fes autres effets funeftes fur toutes les fources de
la richeffe, & de fon oppofition aux principes de la morale.
Ce n'eft pas ici le lieu de mettre dans leur véritable jour ces
vices odieux de l'agiotage. Mais en partant de l'idée qu'en
ont toutes les perfonnes inftruites, nous dirons que l'ufage
qu'on a fait, & qu'on feroit encore des actions de la Compagnie, comme matiere & objet de toutes les pratiques de l'a-
giotage, profcrites à diverfes fois par le Gouvernement,
fourniroit feul une raifon puiffante de venir au fecours du
crédit public, précifément en révoquant le privilége de la
Compagnie, pour parvenir à détruire l'agiotage.

Perfonne n'ignore que l'agiotage, renouvelé de nos jours
avec tant de fureur, a dû fa naiffance & toute fon activité à la
création de la nouvelle Compagnie, & que ce jeu funefte
s'eft fur-tout porté fur fes actions.

Quelques Ecrivains, inftrumens ou dupes de l'efprit de
parti, voulant éloigner ce reproche de la Compagnie, ont

N

tâché de rejeter fur un miniftere antérieur, l'époque de la renaiffance de l'agiotage parmi nous. Ils ont, ce femble, abufé du mot agiotage, en confondant fous ce nom des chofes infiniment différentes.

On peut appeler généralement du nom d'agiotage, les opérations d'un capitalifte qui achete ou vend des effets publics d'après les variations qu'ils éprouvent ou peuvent éprouver dans leur prix au marché, felon l'efpérance ou les craintes qu'il a conçues; en ce fens il y a eu de l'agiotage, dès qu'il y a eu des effets publics; en ce fens encore l'agiotage n'a rien de répréhenfible, rien qui puiffe mériter l'animadverfion du Gouvernement: mais diverfes circonftances ont donné à ce genre de Commerce un tout autre caraclere, ou plutôt le caraclere fous lequel il faut le voir, lorfqu'on attache à ce mot le fens odieux qu'il a aujourd'hui dans notre langue, & qu'il faut lui conferver.

La premiere a lieu, lorfque l'agioteur n'eft pas fimple obfervateur des variations que peuvent fubir les effets publics dans leur valeur, mais qu'il en eft en même temps la caufe, lorfque, par des bruits artificieufement femés ou accrédités, il décrie un effet public, pour le racheter, ou le releve dans l'opinion, pour le vendre; femblable à ce Chirurgien dont la maifon donnoit fur deux rues parelleles, qui bleffoit par une porte, & fe préfentoit par l'autre pour panfer celui qu'il avoit bleffé.

La feconde circonftance, qui doit faire regarder l'agioteur de mauvais œil, fe rencontre, lorfque celui qui négocie ainfi des effets publics, eft d'avance le confident des opérations politiques ou financieres qui doivent influer fur le prix de ces mêmes effets; car il eft évident qu'en achetant ou en vendant en conféquence de cette connoiffance qu'il a lui feul, il combat à armes inégales avec les poffeffeurs actuels de ces effets ou de tous autres. Il abufe de leur ignorance. Le moindre reproche qu'on puiffe lui faire, eft de manquer, non pas feulement de délicateffe, mais même de cette équité naturelle, qui interdit à la force de combattre la foibleffe, & à l'homme éclairé & habile de tromper l'ignorance & la fimplicité.

La troifieme circonftance du même genre eft l'accaparement des effets publics, c'eft-à-dire, que l'opération de l'agioteur prend un caractere odieux, fi elle porte à la fois fur une grande quantité du même effet public; car quoique l'accaparement en général ne foit pas contraire aux principes de la juftice rigoureufe, parce que l'accapareur n'achete, après tout, que ce que chaque propriétaire de la chofe veut bien lui vendre, & ne vend enfuite qu'au prix que ceux qui achetent veulent bien lui payer, il eft cependant coupable d'une avidité véritable, d'une forte de furprife faite à l'ignorance du public, d'un abus cruel des momens du befoin; il mérite au moins d'être regardé du même œil que le Marchand, qui, par des manœuvres du même genre, fe rend maître d'une feule efpece de marchandife, & la vend enfuite à un prix extraordinaire, qui lui donne des profits exorbitans.

Une quatrieme circonftance, qui nous femble caractérifer l'agiotage répréhenfible & fcandaleux, eft l'achat & la vente d'effets fictifs & non réels. C'eft fur-tout par-là que l'agiotage, dont nous avons été les témoins, a mérité l'indignation publique & l'animadverfion du Gouvernement. On fait en quoi

N ij

confifte cette manœuvre ; mais il eft à propos de l'expliquer ici en deux mots.

Deux perfonnes, n'ayant ni l'une ni l'autre aucun effet public, s'engagent mutuellement, l'une à vendre, & l'autre à acheter du premier une certaine quantité de tel ou tel effet public, à tel prix ftipulé, & à telle époque éloignée, quel que foit à cette époque le prix qu'aura fur la place l'effet qu'ils promettent de fournir & de recevoir ainfi.

Si l'on fuppofe qu'ils ont fait un marché pareil fur cent actions de la Compagnie des Indes, à 1200 liv. chacune, & qu'à l'époque fixée ces actions vaillent fur la place 1300 l.; il eft clair que celui qui les doit fournir, fera obligé de payer, pour les avoir, 130 mille livres, & que celui qui doit les recevoir, ne fera tenu de donner au fourniffeur que 120 mille liv.; & comme ce dernier, après avoir reçu les actions, pourra les vendre en totalité 130 mille livres, par la fuppofition qu'elles valent au marché 1300 liv. chacune, le premier perdra donc, dans l'exécution du marché, précifé-ment 10 mille livres, & cette même fomme fera gagnée par le fecond.

Mais cela pofé, l'un & l'autre jugeront qu'il eft inutile que le premier achete & livre réellemenr cent actions à fon antagonifte, & que celui-ci les reçoive pour les revendre, puifque tout ce que l'exécution littérale du marché peut avoir d'avantageux à ce dernier, eft de lui faire gagner 10 mille francs, différence du prix anciennement ftipulé au prix actuel ; & cet avantage, il en jouira, en recevant directement 10 mille francs de celui qui s'eft engagé à lui fournir les cent actions.

Or aussi-tôt que le marché dont il s'agit a pu s'exécuter, en payant seulement la différence du prix stipulé antérieurement au prix actuel, & qu'on s'est dispensé d'exécuter littéralement la convention, on n'a plus acheté & vendu des effets réels : première conséquence.

Dès qu'on n'a plus acheté & vendu des effets réels, la négociation est devenue un simple pari sur la valeur future de l'effet public à une époque déterminée, un véritable jeu : seconde conséquence.

Enfin cette négociation relative à l'effet public, devenue une fois un pari, un jeu, & n'emportant plus la livraison & le payement d'un effet réel, n'a plus eu de limites ; car entre des gens qui ne doivent ni fournir ni recevoir des actions réelles, un pari semblable peut porter sur dix fois, cent fois plus d'actions qu'il n'en existe réellement, & toute limite est ôtée : troisieme conséquence.

Il est visible que cette quatrieme circonstance, & les conséquences qui en découlent, donnent à l'agiotage un caractere répréhensible. Si les excès du jeu doivent être en horreur à tout homme raisonnable, & nous ne craindrons pas d'ajouter véritablement honnête, de quel œil peut-on voir un jeu capable d'engloutir en un moment, & sans retour, la fortune la mieux établie, de ruiner les familles, de faire manquer aux engagemens & aux devoirs les plus sacrés ; en un mot, le plus dangereux & le plus désastreux de tous les jeux ; car le jeu est de ces actions dont le caractere moral change selon le plus & le moins ; & quoiqu'il soit innocent, lorsque le risque est léger & la perte possible modique, si le risque est terrible & la perte possible immense ; par cela seul il devient crimin

Selon ces notions, l'agiotage, pris au fens odieux que lui donne aujourd'hui l'ufage le plus général, ne peut guere porter que fur un certain genre d'effets, ceux qui, par la nature de l'entreprife, dont ils repréfentent le capital, font fufceptibles de grandes & fubites variations; ceux qui appartiennent à des projets capables de recevoir une grande extenfion, dont les fuccès & les profits n'ont que des limites incertaines, entre lefquelles l'imagination peut fe jouer à l'aife, & concevoir de grandes efpérances & de grandes craintes, fans qu'une fagacité, au moins commune, puiffe prévoir, avec certitude, l'événement heureux ou malheureux.

Voilà pourquoi l'agiotage eft toujours né dans les momens où fe font faites de grandes entreprifes, à profits incertains, éventuels, inconnus, & fufceptibles d'être agrandis par l'imagination. En France, à la création de la Banque de Law & de fa Compagnie du Miffiffipi; en Angleterre, à l'époque de la formation de la Compagnie de la mer du fud, & aujourd'hui avec la nouvelle Compagnie; & il faut convenir que ce rapprochement, que tout le monde a fait comme nous, n'eft pas propre à donner une idée favorable de l'établiffement que nous combattons.

Ces actions de la Compagnie des Indes ont donné lieu à toutes les manœuvres que nous venons de démafquer, & nous ajoutons qu'elles font aujourd'hui le feul effet de quelque importance qui puiffe les entretenir contre les vœux de tous les bons citoyens, & les intentions bienfaifantes du Gouvernement.

Il eft public que les porteurs d'actions de la Compagnie n'ont pas été de fimples obfervateurs de la hauffe & de la

baiffe des actions, & qu'ils ont pratiqué différentes manœuvres, que nous nous abftiendrons de détailler & de qualifier,
pour les faire hauffer ou baiffer. Il eft public que parmi eux,
quelques-uns au moins ont été les confidens des opérations
du Miniftere, qui pouvoient influer fur la valeur de cet
effet, & qu'ils ont mis cette confidence à profit. Il eft public qu'il y a eu des accaparemens d'actions, à quelque intention qu'elles aient été faites ; il eft public enfin que ce
font fur-tout les actions de la Compagnie qui ont donné lieu
aux achats d'effets fictifs, & aux marchés à termes, & par-
là à tous les inconvéniens d'un jeu exceffif.

La plupart des autres effets publics ne pouvoient pas fournir matiere à ces abus. Un effet public, tel qu'une refcrip-
tion des Receveurs généraux, ou un billet des Fermes, ou
un billet des emprunts de l'Etat, fous la forme de loteries,
ne font pas fufceptibles de l'agiotage que nous avons expli-
qué, parce qu'aucun des caracteres indiqués, ou du moins la
plus grande partie de ces caracteres ne fauroit leur convenir.

On ne peut affecter leur valeur au marché, au moins
d'une maniere fenfible, par des bruits artificieux. Les avantages qu'on peut retirer d'une connoiffance anticipée de la
création d'un papier de cette efpece, ne peuvent être confidérables, & valent à peine qu'on s'en occupe. Il y a peu à
gagner en aucune circonftance à les accaparer, & il y auroit
bien plutôt des rifques à courir. Enfin il n'y a point de pari
à faire fur leur future valeur à fix mois d'ici ; l'agiotage n'a
donc pas où fe prendre à cette forte d'effets publics.

Il n'eft donc pas douteux que l'établiffement de la nouvelle
Compagnie a été, finon l'unique, au moins la principale

fource de la pratique fcandaleufe & des manœuvres indé-
centes de l'agiotage ; il feroit véritablement étrange que l'a-
giotage fût aujourd'hui la fauve-garde de ce même établiffement qui lui a donné l'exiftence. C'eft tout ce qui pourroit
arriver fi les agioteurs eux-mêmes avoient à décider du fort
de la Compagnie ; mais jamais des hommes d'Etat ne fe croi-
ront obligés de conferver l'arbre qui a donné de fi mauvais
fruits.

Dans tout ce que nous venons de dire de l'agiotage, que
nous regardons comme produit par l'établiffement de la Compagnie , il eft aifé de voir que nous n'avons pas prétendu
comprendre fous ce nom, pris dans un fens odieux, le commerce habituel qui fe fait des effets publics , lorfqu'il n'eft
pas accompagné des circonftances dont nous avons fait l'é-
numération.

S'il eft queftion des actions de la Compagnie elle-même,
qui peut douter que beaucoup de perfonnes , qui ne méri-
tent fûrement le nom d'agioteur en aucun fens défavorable,
n'en aient acheté & vendu? Nous n'appelons donc point du
nom d'Agioteurs aucun des capitaliftes, qui, fans manœuvres , fans connoiffances particulieres , fans accaparemens ,
achetent & vendent quelque forte d'effets publics que ce
foit. Ce genre de négociation n'a certainement rien de blâ-
mable , & nous croyons que, par cette raifon-là même,
& pour le diftinguer des manœuvres que le Gouvernement
a profcrites , il faut éviter avec foin de lui donner le nom
d'agiotage, quoique l'ufage le lui applique quelquefois ; ou
au moins faut-il que l'emploi de ce mot foit déterminé à un
fens favorable par ce qui l'accompagne.

Concluons qu'il n'y a rien à craindre , mais bien plutôt
de

de grands avantages à retirer pour le crédit public de la fuppreffion du privilége de la Compagnie, & que cette opération, loin d'avoir des fuites fâcheufes en finances, fera favorable au crédit, en ramenant à des fpéculations & entreprifes utiles, des fonds employés à un jeu plus funefte & non
moins immoral que ceux que profcrit la police de toutes les Nations. Il nous refte à confidérer la fuppreffion du
privilége fous le dernier des trois afpects que nous avons
diftingués.

X V.

Nous touchons ici à la fin de cette difcuffion, & au point
capital, puifqu'il s'agit de la juftice, qui mérite les premiers
regards de toute bonne adminiftration.

MM. les Adminiftrateurs de la Compagnie prennent ici
un laconifme qu'ils n'ont pas dans tout le refte de leurs obfervations. Nous laiffons à juger fi ce laconifme eft caufé par
la conviction qu'ils ont de la légitimité & de l'évidence de
leurs droits, ou par la difette de bonnes preuves pour l'établir.

S'il eft queftion de juftice, difent-ils, *elle eft dans le maintien d'un privilége fous la foi duquel les Actionnaires ont livré
leurs fonds.*

Voilà toute l'apologie qu'ils font d'un privilége exorbitant, manifeftement furpris à l'Adminiftration, oppreffif de
la liberté de tous les François en Europe & dans leurs établiffemens les plus éloignés ; vexatoire dans fon exécution,
ou du moins qu'il n'a pas tenu à eux qu'on ne rendît tel ;
enfin ruineux pour le Roi & le revenu de la Nation.

Nous ne ferons pas fi concis, en difcutant cette queftion,

O

& nous commencerons par diftinguer deux points de vue fous lefquels on peut la voir, & que les Obfervations de MM. les Adminiftrateurs laiffent confondus.

Dans la révocation du privilége de la Compagnie, on peut craindre de violer les lois de la Juftice, en ôtant le privilége aux privilégiés, abftraction faite de la perte qu'ils peuvent effuyer ou n'effuyer point par cette révocation, & uniquement parce qu'on leur ôte une chofe qui eft devenue leur propriété, par la conceffion que le Gouvernement leur en a faite ; ou l'on peut craindre de bleffer la juftice, abftraction faite du privilége, par le dommage même qu'on leur cauferoit, en leur faifant perdre une partie des capitaux, ou même de l'intérêt des capitaux qu'ils ont placés dans l'entreprife privilégiée.

Ces deux points de vue font fort différens ; le premier nous montre la Compagnie comme formée de privilégiés ; le fecond, comme compofée d'Actionnaires. En la confidérant fous ce double rapport, on embraffe toute la queftion, qui fe partage ainfi en deux branches. En fupprimant le privilége de la Compagnie, le Gouvernement fera-t-il injuftice aux privilégiés ? En fupprimant la Compagnie, le Gouvernement fera-t-il injuftice & dommage aux Actionnaires ?

Voyons d'abord quels peuvent être ces droits que le Gouvernement doit refpecter dans des privilégiés, fous peine de bleffer la juftice. Une idée fe préfente. N'eft-ce pas profaner le nom de la Juftice, que de l'invoquer en faveur du maintien d'une conceffion injufte, & injufte envers toute une Nation ? Sur quel fondement peut donc porter cette affurance avec laquelle des privilégiés réclament, pour conferver un privilége, la juftice qu'ils ont foulée aux pieds en le follici-

tant & en l'obtenant ; car enfin ce font ces mêmes privilégiés, qui, d'après un plan combiné par eux, fe font fait
donner, il y a moins de trois ans, par un Miniftre, de beaucoup trop facile, le droit exclufif de faire, avec un petit capital de 15 & enfuite de 20 millions, le Commerce de
toute l'Afie, d'en exclure tous leurs concitoyens, les Négocians de tous les ports du Royaume. Ce font eux qui fe font
fait accorder une exemption de droits, qui a coûté au fifc,
en deux ans de temps, & dans des temps des plus grands befoins, au moins fix à fept millions ; & ils nous difent aujourd'hui, la juftice eft dans le maintien de ce privilége :
mais fi le privilége lui-même eft injufte, l'injuftice feroit à
le maintenir.

Il faut l'avouer; l'opinion publique montre en ces matieres
une inconféquence bien grande, & une indulgence bien répréhenfible. Il y a inconféquence. Si un particulier obtenoit
le droit exclufif de vendre & d'acheter tout le vin ou tout le
drap qui fe confomment dans Paris, il n'y auroit point de termes affez forts dans la langue pour exprimer l'horreur qu'inf-
pireroient fon avidité & fon injuftice ; & on ne dit rien des
folliciteurs & des obtenteurs d'un privilége non moins injufte,
parce qu'ils font une Compagnie, & parce que leur privilége
s'étend fur tout le Royaume, & dépouille de leurs droits
tous les Négocians comme tels, & tous les citoyens comme
confommateurs des marchandifes dont le monopole s'eft
emparé !

L'indulgence répréhenfible fe montre dans le public à
pardonner aux premiers auteurs, aux promoteurs de cette
injuftice, à ceux qui en jouiffent, non pas fimplement parce
qu'ils l'ont trouvée établie, mais après l'avoir combinée,
follicitée.   O 2

Il seroit sans doute à désirer qu'on jugeât plus sévèrement ceux qui font faire au Gouvernement ces grandes injustices qu'on peut appeler nationales & publiques. Chacun d'eux en particulier pourra dire, & plusieurs diront sans doute avec vérité, qu'ils n'ont pas cru leur demande injuste ; & on pourra recevoir leur apologie, mais non celle de tout le Corps. On n'en pensera pas moins en général que des hommes, qui, en connoissance de cause, sollicitent & obtiennent du Gouvernement des opérations funestes à la Société, pour leur intérêt particulier, faisant en cela même une action immorale & injuste, n'ont aucun droit à regarder comme sacrées & irrévocables les concessions, les faveurs, les priviléges qu'ils obtiennent ainsi. Si ces maximes étoient établies, on ne formeroit pas & on ne présenteroit pas au Gouvernement tant de projets iniques, tant de plans funestes, tant de demandes exorbitantes, dans la crainte d'être d'abord flétri par l'opinion, & ensuite de se voir dépouillé des fruits d'une injustice surprise à l'Administration.

Cette surprise faite au Gouvernement, & qui suffit seule pour éloigner de lui tout reproche d'injustice, lorsqu'il supprimera le privilége, est caractérisée par le défaut absolu des formes légales, dont le privilége de la Compagnie n'a jamais été revêtu. En effet, l'arrêt de son établissement n'a jamais été enregistré dans les Parlemens du Royaume. On n'a pas voulu faire subir cette épreuve à une décision qui dépouilloit un grand nombre de citoyens de leurs droits légitimes, de droits qui leur avoient été nouvellement rendus, & qu'ils exerçoient depuis près de quinze ans. Il y eût eu des réclamations trop puissantes ; sans doute aussi les Cours se fussent opposées aux sacrifices énormes qu'on faisoit faire au Roi sur le revenu public. A l'établissement de l'ancienne Compagnie, des Négocians des principales villes du Royaume furent appelés & consultés par Colbert ; & si, dans un temps où le Commerce n'avoit encore ni toute l'activité, ni toutes les lumieres qu'il a acquises depuis, où les mers des Indes n'étoient pas si bien connues, où les établissemens des Nations Européennes, encore foibles & peu nombreuses, ne donnoient pas au Commerce particulier toutes les facilités qu'il trouve aujourd'hui sur sa route ; si, dans ces circonstances, dis-je, des Commerçans des ports du Royaume crurent une Compagnie privilégiée nécessaire pour ouvrir & établir le Commerce de l'Inde, au moins leur opinion légitima, pour ainsi dire, cette premiere conceffion. Enfin la question ayant été débattue contradictoirement avec les gens d'intérêt opposé, & les formes légales ayant été employées, on ne peut pas reprocher à l'Administration de s'être laissée surprendre ; mais la nouvelle Compagnie au contraire a obtenu son privilége sans contradicteur, sans débat de la part des personnes intéressées. L'arrêt de son établissement est un arrêt sur requête non communiquée, & ce vice seul lui ôte toute la force qu'il pourroit avoir en faveur de la nouvelle Compagnie.

Un des Avocats de la Compagnie a prétendu répondre à l'objection qui résulte contre elle du défaut d'enregistrement de son privilége, en observant que le privilége accordé à l'ancienne n'avoit été que suspendu en 1769 ; que le Roi l'avoit gardé dormant ; qu'il n'avoit permis à ses Sujets de commercer librement dans l'Inde, que jusqu'à ce qu'il en eût autrement ordonné ; que le Roi n'a pas aliéné son privilége ; qu'il n'a fait, en 1785, qu'en reprendre l'exercice,

& y fubroger pendant fept ans d'abord , & enfuite pour quinze ans , l'affociation qu'il vouloit former ; & qu'en de pareilles circonftances, le privilége n'a pas befoin d'enregiftrement , comme lorfqu'il eft accordé pour la premiere fois, ou que le temps pour lequel on l'avoit accordé eft expiré. Le Roi, dit-on encore , eft ceffionnaire du premier privilége enregiftré ; il en fait jouir qui bon lui femble , fans être obligé de le faire reconnoître de nouveau par les Cours fouveraines , & fans que ceux qui le tiennent de lui foient tenus de fubir cette formalité , &c.

On obfervera d'abord combien il eft ridicule de préfenter le Roi comme jouiffant lui-même d'un privilége de Commerce ; le retenant cherement dans fes mains , lorfque ceux à qui il en avoit confié l'exercice , ne peuvent plus l'exercer ; n'ofant s'en départir que pour un temps , de peur de le perdre ; le confiant enfin à la nouvelle Compagnie, heureux d'avoir évité ainfi l'obligation de le faire enregiftrer de nouveau par fes Cours. A quelle petiteffe on abaiffe la Majefté fouveraine ! Comment un privilége exclufif peut-il jamais être la propriété d'un Roi ? Quel intérêt peut-il avoir à le laiffer fubfifter un moment, lorfque perfonne ne l'exerce plus. Ne fera-t-t-il pas le maître de le renouveler , de le recréer , fi le bien de fon Royaume le demande ?

Mais non feulement cette explication de la nature du privilége eft peu convenable , elle eft encore abfolument fauffe ; elle porte tout entiere fur cette fiction , que le privilége de la Compagnie étoit encore fubfiftant en 1785 , & que le Roi n'a fait que le tranfporter de fes mains , où il étoit refté, entre celles de la nouvelles Compagnie.

Ceux qui parlent ainfi , ne penfent qu'à l'arrêt de 1769 ,

qui ne fait que fufpendre en effet le privilége ; mais ils oublient les arrêts poftérieurs, par lefquels le privilége eft demeuré réellement détruit. Lorfqu'on fufpend un droit, un
privilége quelconque, c'eft entre les mains de celui qui le
poffede actuellement, qu'il demeure fufpendu. A l'époque de
1769 , la Compagnie fe trouvant hors d'état de continuer
fon Commerce, le Roi ne pouvant laiffer les Ifles de France
& de Bourbon , & tous les établiffemens de l'Inde dans l'état
d'abandon où les avoit conftamment tenus la Compagnie,
rend la liberté au Commerce. Comme un des motifs de
cette mefure étoit le défaut de fonds de la part de la Compagnie , & qu'il étoit refté, au milieu des débats, quelques
perfonnes obftinées & mal inftruites, qui ne vouloient pas
croire encore à fon impuiffance, on prit une forme douce ,
relativement à la Compagnie, en fe contentant de déclarer
fon privilége fufpendu, pour lui conferver, pour ainfi dire,
le droit de le réclamer , fi elle trouvoit quelques moyens
de fe procurer des fonds qu'on avoit inutilement cherchés.

Mais après neuf mois écoulés , toute efpérance de ce
côté étant perdue, une délibération des députés, Syndics &
Directeurs, du 7 Avril 1770, ayant arrêté que Sa Majefté
feroit fuppliée d'accepter la ceffion de *tous les biens & droits*
appartenans à la Compagnie ; le Roi, par un arrêt de fon
Confeil du 8 Avril, homologua cette délibération.

Par ces deux actes, il eft clair que la Compagnie a renoncé entierement, en 1770, à fon privilége entre les mains
du Roi, puifque ce privilége étoit le plus grand & le plus
utile de fes *droits.* Mais un privilége auquel renonce celui
qui en jouiffoit , entre les mains de celui qui a le droit de le
donner, eft un privilége détruit : il ne pourroit être cenfé

subsistant , que dans le cas où celui qui y renonce , le cede ou le vend à un tiers , de l'agrément de celui qui l'a donné ; mais la Compagnie ancienne , en renonçant au sien , n'a pas pu le vendre. Au moment où elle y a renoncé , il n'a donc plus existé. Le Roi a pu le recréer , mais il n'étoit dans ses mains que comme tous les priviléges possibles de ce genre y sont , c'est-à-dire , en puissance. Lorsqu'un privilége semblable a été accordé à la nouvelle Compagnie , il avoit donc besoin de subir la forme de l'enregistrement , comme s'il n'avoit jamais existé , avant cette époque , de Compagnie privilégiée pour le Commerce de l'Inde. En voilà plus qu'il ne faut pour détruire une si vaine subtilité.

Ces considérations suffisent bien pour rassurer le Gouvernement contre la crainte de commettre une injustice envers les privilégiés , comme tels , en révoquant le privilége de la Compagnie ; mais elles pourroient conduire à une sévérité que nous sommes bien éloignés de proposer à l'Administration, qui , de son côté , ne veut certainement pas être injuste envers les Actionnaires , considérés comme tels.

Le Gouvernement a été surpris , il est vrai ; les intérêts de la Nation ont été sacrifiés , ses droits violés , nulle forme légale n'a été observée ; mais enfin la Compagnie a été établie. Un certain nombre de citoyens ont cru pouvoir entrer dans cette entreprise, & y ont placé leurs fonds. Aux premiers capitalistes, qui peuvent avoir connu fort bien eux-mêmes l'injustice du privilége qu'ils avoient sollicité , de nouveaux ont succédé , qui n'ont fait que suivre un chemin déjà ouvert & battu. Toutes ces circonstances demandent de l'Administration qu'elle mette à couvert les intérêts des Actionnaires , & qu'elle respecte , sinon un privilége funeste à la Nation,

contre

contre les droits de laquelle on ne peut jamais prescrire, au moins l'intérêt pécuniaire de tous ceux qui ont placé leurs fonds dans une entreprise autorisée par le Gouvernement ; mais par ce côté la justice de l'Administration ne peut avoir aucune inquiétude des suites de la suppression de la Compagnie.

Que faut-il en effet pour que l'intérêt pécuniaire de tous les Actionnaires se trouve à couvert au moment de la suppression , & qu'à leur égard toute justice soit observée ? Il faut que chaque Actionnaire retrouve toute la valeur de son action ou capital, & tout l'intérêt légitime & commun de ce capital. Or il ne peut rester sur ce point aucune inquiétude à l'Administration.

En considérant ci-dessus les effets que pouvoit produire sur le crédit public la suppression du privilége, nous avons établi, sur l'aveu même des Administrateurs de la Companie , & sur la notoriété publique, ces deux faits , *que le fonds des actions existe*, & par conséquent leur capital originaire , *& qu'à ce capital seront joints encore des bénéfices* procurant à chaque Actionnaire une utilité ultérieure dans l'emploi de son argent. Or ce tableau, qui nous a rassurés tout à l'heure sur les suites que peut avoir en finances la révocation du privilége, dissipe en même temps toute inquiétude sur le sort des Actionnaires, comme tels, & nous garantit que les lois de la justice ne seront point violées pour eux par la suppression.

Supposons en effet le privilége révoqué dès le mois d'Octobre , &, comme l'esperent tous les Négocians du Royaume, assez à temps pour qu'ils puissent préparer des expéditions pour l'Inde dès la fin de cette année & le commen-

P

cement de l'autre , nulle difficulté de commencer dès-lors à affurer le fort des Actionnaires ; il ne faut , pour cela , qu'or-donner la liquidation de toutes les dettes & opérations de la Compagnie, en même temps qu'on prononcera fa fuppreffion.

Cette liquidation peut commencer par la vente de fes pre-miers retours , dont le produit fera réparti d'abord à fes créanciers , fi elle en a , puis aux porteurs des actions ; dès cette année on aura une forte répartition à faire. On procé-dera de même fur les retours de la précédente expédition , & la liquidation fera à peu-près terminée en deux ans , fi les Actionnaires conviennent & exigent qu'il ne fe fâffe aucune nouvelle expédition , qui ne feroit qu'affoiblir la répartition prochaine , & retarder les dernieres.

L'annonce d'une pareille liquidation ne peut diminuer le prix de l'action fur la place au-deffous du taux où elle fe trouvera, puifqu'il eft reconnu que le capital originaire, & un intérêt raifonnable de ce capital font affurés à chaque action. Le Roi même pourroit, fans rifque , fe charger de rembourfer les actions, par voie de loterie , fur un taux ca-pable d'affurer le capital & l'intérêt, jufqu'à la parfaite liqui-dation.

Nous dirons plus : fi quelques porteurs d'actions fe trou-vent gênés par l'accaparement indifcret qu'ils en ont fait, ils doivent défirer une liquidation & une répartition la plus prochaine poffible. Cette répartition fixeroit l'opinion fur la valeur réelle de l'action , & leur feroit trouver facilement, foit à vendre avantageufement, foit à emprunter. Ainfi, loin que leur fituation foit un motif pour conferver à la Compa-gnie fon privilége, elle exige au contraire la révocation du privilége, pour leur affurer une rentrée plus prompte de leurs fonds.

Qu'on confidere que , quand le Roi devroit garantir à chaque Actionnaire fon capital & fes intérêts , que la liquidation de la Compagnie ne donneroit pas, il trouveroit toujours dans les droits que lui payeroit le Commerce redevenu libre , de quoi remplir abondamment l'obligation qu'il auroit contractée , puifque ces droits lui rendant, ainfi que nous l'avons dit dans le cours de ce Mémoire, une fomme annuelle de plus de trois millions , il auroit de quoi diftribuer à chaque action un dividende confidérable fur le produit d'une feule année de ces droits.

Il y auroit fans doute des précautions à prendre , tant pour la forme à donner au Bureau de liquidation, que pour en accélérer les opérations. Nous pourrions propofer nos idées fur ce fujet, fi l'Adminiftration nous fait l'honneur de nous confulter.

On pourra nous dire : Si la liquidation dont les affaires de la Compagnie font fufceptibles , affure aux porteurs d'actions le capital de l'action primitive , avec l'intérêt depuis l'époque de l'engagement du capital, elle ne peut dédommager ceux qui les ont achetées à des prix bien fupérieurs au prix originaire , à 15 & à 1800 liv. ; & à ceux-là en ôte toutes les chances qu'ils avoient de voir , par les progrès du Commerce de la Compagnie, leur action reprendre le prix auquel ils l'ont achetée , ou s'élever même au-deffus : & n'ont-ils pas droit de fe plaindre de la fuppreffion du privilége , qui vient ainfi troubler leurs fpéculations ?

Nos Lecteurs préviennent affurément notre réponfe. L'intérêt de ces fpéculateurs, de ces joueurs, de ces agioteurs , n'eft certainement pas affez précieux pour arrêter le Gouvernement , allant rendre au Commerce fa liberté & fes droits.

P 2

Les actions ont été créées fur le taux de 1000 liv., pour courir la chance des opérations de la Compagnie ; elles circulent avec ce feul titre. Que les propriétaires actuels aient eu le projet de les porter à un prix exceffif, qu'ils en aient accaparé au delà de leurs facultés réelles & de crédit; qu'ils les aient en dépôt, pour nantiffement de fommes confidérables qu'ils ont fournies aux accapareurs, cela ne change rien à la nature de l'action. Le Gouvernement n'a été que trop entraîné à des facrifices indifcrets, fous le prétexte d'empêcher la perte de ceux qui fe font livrés directement ou indirectement à l'agiotage de ces actions.

Il n'eft pas non plus hors de propos d'obferver que ces Actionnaires, pour qui on s'intéreffe dans l'objection, ne font pas les véritables fournifferus des premiers fonds qu'on fuppofe mis dans le Commerce de l'Inde, en conféquence de l'obtention du privilége ; ce font des acheteurs des actions à la feconde main, & des acheteurs de ces acheteurs, & puis une fuite d'agioteurs plus ou moins longue, qui, comme les Actionnaires de l'ancienne Compagnie du Mifliffipi, répandeurs ou dupes d'efpérances chimériques, ont joué les uns à la hauffe, les autres à la baiffe, ont acheté & vendu, accaparé ou difperfé des actions. Mais peut-on voir dans ces perfonnages autre chofe que des joueurs, & ce jeu peut-il leur donner des droits que n'avoient pas les porteurs des premieres actions ? Perfonne n'héfitera à répondre comme nous à ces queftions.

Enfin, & pour achever de fixer nos idées fur la nature & l'étendue des droits que peuvent réclamer les Actionnaires au moment de la fuppreffion du privilége de la Compagnie, nous nous permettrons de faire une fuppofition, qui, raf-

femblant toutes les circonftances principales de la fituation
refpective des Actionnaires & du Gouvernement, pourra nous
fervir de regle pour juger les demandes de la Compagnie.

Un particulier, poffeffeur d'un terrain inculte, & cependant naturellement fertile, veut le cultiver; il a 100 mille
francs de capital à mettre dans cette entreprife; mais il lui en
faudroit 200 mille. Il propofe à un capitalifte de lui en prê-
ter 100 mille pour un temps limité, vingt ans, par exemple, en lui affurant l'intérêt de fon argent à 5 p. 100, &
en outre, une moitié de profits nets, en lui laiffant le droit
de céder & tranfporter fa créance ou action à un tiers.

Le propriétaire s'occupe de l'exécution de fon entreprife;
elle eft bien conçue & bien conduite. Dès les premieres années, il paye à fon prêteur 5000 liv., pour l'intérêt de
fon argent, & en outre 2500 liv., à titre de moitié des profits qui doivent être partagés entre eux également. Le capital de 100 mille livres fe trouve ainfi placé à 7 & demi.

Le prêteur, preffé de quelque befoin d'argent, veut
vendre fa créance, & il trouve un acquéreur. Par la fuppofition qu'elle lui rend 7500 liv., elle pourroit être vendue,
au denier 20, 150 mille liv.; mais l'acquéreur veut y trouver plus que l'intérêt ordinaire de fon argent, & le vendeur
cédant quelque chofe de fon côté, le marché pourra fe con-
clure à 125 mille liv.; ce qui partagera les avantages par
moitié: de forte que le nouvel Actionnaire aura placé fon
argent à fix un quart pour cent, avec efpérance de mieux.

Suppofons maintenant que l'entreprife continuant de
profpérer, fans augmenter cependant en produits, un fpécu-
lateur, plein de confiance en l'habileté du propriétaire, &

fe flattant que les produits & profits augmenteront, offre au
nouvel Actionnaire 150 mille livres de fon action , dans la
perfuafion que ce capital vaudra infailliblement & inceffam-
ment 7 & demi & 10 pr °/° ; c'eft-à-dire, 7500 liv. 10,000
francs, 12,000 francs; le marché fe conclut.

Cependant des propriétaires voifins, recherchant leurs titres, reconnoiffent que le terrain exploité eft une ufurpa-
tion fur leur propriété. Le poffeffeur actuel eft condamné :
adieu l'entreprife & les profits efpérés. Le dernier acquéreur
de l'action revient fur l'entrepreneur propriétaire , pour recouvrer fon capital; celui-ci doit-il rendre 150 mille liv. ,
ou feulement 100 mille livres, prix originaire de l'action ?

Nous ne craignons pas de dire qu'il n'y a aucun Tribu-
nal qui condamnât le propriétaire à rembourfer au dernier
acquéreur le prix de l'action fur le pied auquel il a plu à celui-ci de l'acheter, d'après fes efpérances , & qu'on fe con-
tentera de faire rendre le premier capital, & l'intérêt légal
de la fomme empruntée par l'entrepreneur.

Or la caufe de cet acquéreur de l'action avec le propriétaire , & celle des Actionnaires de la Compagnie avec le Gouvernement fupprimant le privilége, font exactement la même
caufe, & l'une & l'autre doivent être jugées par les mêmes
principes. Le Roi a propofé de faire exploiter le Commerce
de l'Inde ; il a fourni lui-même une portion affez confidérable de capitaux ; les actions ont été établies fur le pied de
1000 liv. L'entreprife a été à peine en mouvement, que
les efpérances folles ont animé l'avidité ; on a payé aux premiers Actionnaires l'action 1250 liv., 1500 liv., 1750 liv.,
&c., comme fi elle devoit rendre avec certitude, d'abord
7 & demi, & puis 10, & puis 15 p. 100.

Au milieu de ces fpéculations de l'avidité & de ces manœuvres de l'agiotage , la Nation eft venue réclamer la propriété de ce terrain qu'on exploite malgré elle , & dont on
l'a chaffée injuftement. Tous les Négocians du Royaume ,
comme pouvant faire le Commerce de l'Inde , & tous les citoyens confommateurs demandent à rentrer dans leurs droits;
les premiers, en employant leurs capitaux & leur induftrie
dans un champ qui eft l'héritage de leurs peres & la propriété commune de tous les citoyens ; les derniers , en fe
délivrant des vexations du monopole. On reconnoît leurs
droits; il s'agit de régler ceux des Actionnaires. Eft-ce que
le Souverain ne remplira pas toute juftice envers eux , en
faifant retrouver à chacun le capital originaire payé pour
chaque action , & l'intérêt de ce même capital pendant le
temps qu'il eft refté ou reftera hors des mains de l'Actionnaire ? Eft-ce que le Roi fera plus obligé de réalifer les efpérances chimériques qui ont porté le prix des actions à 1 5
& 1 800 liv. , que notre propriétaire de rembourfer 1 5 0
mille livres au porteur unique de l'action unique , que nous
avons fait entrer dans notre fuppofition?

En traitant de la fuppreffion du privilége de la Compagnie, relativement à la juftice , nous n'avons pas cru devoir
combattre une prétention que quelques perfonnes ne crai-
gnent pas de montrer à un dédommagement pour les Actionnaires , foit comme privés déformais d'un privilége dons ils
jouiffoient , foit comme porteurs d'actions qui ne conferve-
ront pas le prix exorbitant auquel l'agiotage les avoit éle-
vées.

Ce que neus avons dit ci-deffus des droits des Actionnaires & de leur fituation réelle dans l'hypothefe d'une liqui-

dation, fuffit pour bien établir que les porteurs d'actions n'ont aucun titre à un dédommagement, puifque, loin de perdre du capital originaire, chaque Actionnaire doit recouvrer non feulement ce capital, mais l'intérêt de fon argent, & vraifemblablement encore un bénéfice au delà. Mais qu'il nous foit permis d'ajouter encore ici quelques réflexions fur ce dédommagement.

La premiere eft, que toute faveur accordée par le Gouvernement aux Actionnaires, à titre de dédommagement, tourneroit fur-tout au profit de cette efpece d'agioteurs, plus heureux ou plus adroits que les autres, qui, dans les derniers temps, ont acquis des actions au-deffous de leur valeur effective. Ainfi, le dédommagement iroit à ceux qui n'ont pas effuyé la perte.

En fecond lieu, ceux qui, à la fuite d'une liquidation, retireroient de leurs actions moins qu'elles ne leur ont coûté, ne les ayant acquifes qu'en conféquence de fpéculations de leur nature incertaines dans leurs fuccès, ne les ayant même gardées que d'après des vues de même genre, ne peuvent fe plaindre d'un événement qui n'étoit pas difficile à prévoir, & qui a dû toujours entrer dans leurs calculs.

Depuis le moment de la création de la Compagnie, les plaintes & les réclamations de toutes les villes maritimes, & nous pouvons dire de tout le Royaume; & plus que cela encore, l'injuftice, l'inutilité, l'abfurdité du privilége frappant tous les yeux, ont toujours dû leur faire penfer qu'au premier moment lucide on renverferoit un fi vicieux établiffement. Cette chance eft entrée parmi celles d'après lefquelles ils ont joué. De quel droit demanderoient-ils donc aujourd'hui qu'on leur garantît l'événement?

3°. On

3°. On réclame des dédommagemens pour la Compagnie en rétabliſſant la liberté ; mais en a-t-on donné tout à l'heure, en établiſſant la Compagnie , aux Négocians des ports du Royaume , lorſqu'on leur a interdit un Commerce qui leur appartenoit naturellement, auquel ils avoient été invités par le Gouvernement , pour lequel ils avoient fait conſtruire des vaiſſeaux , établi leur correſpondance , deſtiné leurs fonds ; certainement leur réclamation à un dédommagement eût été bien plus fondée que celle d'une Compagnie privilégiée. Ils n'avoient pas eu de faveurs , & des avances , & des priviléges , & des exemptions de droits d'indult comme la Compagnie, & ce ſont là ſans doute autant de différences à leur déſavantage , qui leur donnoient des titres que la Compagnie ne peut pas faire valoir. Ils n'ont pourtant pas demandé de dédommagement ; on ne leur en eût pas accordé : comment & pourquoi en donneroit-on à la Compagnie ?

Mais, encore une fois , une liquidation devant faire retrouver aux Actionnaires le capital originaire de l'action , ſon intérêt , & vraiſemblablement encore quelque bénéfice, il ne peut y avoir lieu à un dédommagement ; & pour énoncer la conſéquence qui réſulte de la diſcuſſion de ce dernier article des Obſervations des Adminiſtrateurs de la Compagnie, la révocation des priviléges ne bleſſera pas plus la Juſtice , que l'intérêt des Finances & la Politique.

Q

RÉSUMÉ ET CONCLUSION.

Nous avons dit, en commençant, que nous ne prétendions pas traiter de nouveau méthodiquement la queftion de la liberté du Commerce de l'Inde, difcutée déjà fi fouvent & fi complétement. En effet, les premiers Mémoires écrits en 1769, celui de M. de la Cretelle en 1786, celui de la Chambre de Guienne dans la même année, enfin les différens Mémoires manufcrits adreffés de toutes les grandes Villes de Commerce du Royaume, & remis aux Miniftres, l'ont tellement approfondie, & par la théorie & par les faits, que ce feroit véritablement infulter à la raifon, que de croire qu'il refte encore quelque chofe à dire & à écrire, & que ni les défenfeurs de la liberté, ni les partifans du privilége aient déformais rien de nouveau à mettre en avant fur ce fujet.

Mais nous devons cependant obferver qu'en nous contentant, d'après cette confidération, de répondre aux obfervations de MM. les Adminiftrateurs, nous n'en avons pas moins difcuté tous les points importans de la queftion. C'eft ce qu'il eft aifé de reconnoître dans le réfumé de notre Réplique ; voici ce réfumé, en fuivant l'ordre des articles dont elle eft formée.

1°. Nous avons rétabli l'argument que nous avions tiré en faveur de la liberté, du vœu de l'Affemblée des Notables, & de celui des principales villes & ports du Royaume, réunis pour la folliciter.

2°. Nous avons foutenu l'obfervation que nous avions faite fur le préjugé légitime que donne contre la Compagnie l'Adminiftration qui l'a établie.

3°. Nous avons repouſſé l'imputation gratuite que font MM. les Adminiſtrateurs de la Compagnie aux Ecrivains qui ont défendu la liberté du Commerce, d'avoir été conduits par la paſſion & par l'intérêt, & d'avoir écrit pour ſe conformer aux intentions de ceux qui les employoient.

4°. Nous avons prouvé, par un état authentique, que, pendant les quinze années qui ont ſuivi la révocation du privilége de la Compagnie, les Négocians particuliers ont fait heureuſement & utilement le Commerce de l'Inde, & que, pour décider la queſtion entre eux & la Compagnie, il n'eſt nullement néceſſaire d'attendre la nouvelle expérience qu'ils veulent qu'on leur laiſſe faire.

5°. Nous avons montré que la concurrence des Négocians libres ne peut avoir aucun inconvénient réel à l'achat dans l'Inde ; qu'il ne faut pas craindre le défaut d'aſſortiment, ni dans les exportations d'Europe aux Indes, ni dans les importations de l'Inde en Europe ; que le Commerce particulier ne manque point de capitaux ; qu'il peut ſe donner des agens dans l'Inde, attendre ſes retours, &c. Toutes ces aſſertions, établies déjà ſi ſolidement dans le Mémoire de M. de la Cretelle, le ſont ici de nouveau, & par des états authentiques.

6°. 7°. 8°. Nous avons remis ſous les yeux les ſacrifices énormes que le Roi a faits à la Compagnie en conceſſions d'effets utiles à l'exploitation de ſon Commerce, en droits ſupprimés en ſa faveur, enfin en engagemens contractés par le Roi d'indemniſer la Compagnie de ſes pertes.

9°. Nous avons donné des preuves détaillées & ſans réplique de ce que nous avions avancé dans notre premier Mémoire, que le privilége de la Compagnie ne favoriſe pas autant l'exportation des produits de notre territoire & des ouvrages de nos Manufactures en Afie, que faifoit le Commerce libre.

10°. Nous avons développé & appuyé de nouveaux argumens trois affertions que MM. les Adminiftrateurs combattent par des raifons bien infuffifantes. Ces affertions font, que la Compagnie ne peut fournir au Royaume, avec fon capital, une quantité fuffifante de marchandifes de l'Inde ; qu'elle les achete & continuera de les acheter des Compagnies étrangeres ; qu'elle les vend & continuera de vendre celles-là mêmes qui font néceffaires aux Fabriques du Royaume, à des prix exorbitans.

11°. Nous avons montré la juftice des plaintes que fait le Commerce de ne trouver plus l'emploi de fes gros vaiffeaux depuis l'établiffement du privilége de la Compagnie.

12°. Nous avons fait fentir les inconvéniens réfultans de la néceffité où fe font vus les Négocians des ports du Royaume de faire le Commerce de l'Inde fous le pavillon des Puiffances étrangeres.

13°. Nous croyons avoir fuffifammeut raffuré l'Adminiftration contre les craintes des inconvéniens *politiques* que MM. les Adminiftrateurs vouloient faire envifager comme des fuites de la fuppreffion du privilége.

14°. Nous avons fait voir de même que la deftruction de la Compagnie ne peut avoir aucun inconvénient en *finance* & relativement au crédit public.

15°. Enfin il a été prouvé, nous ofons dire jufqu'à la démonftration, que la *juftice* ne feroit point bleffée par cette même opération, qui feroit au contraire un véritable retour à la juftice.

Il eſt donc vrai qu'en répondant à MM. les Adminiſtrateurs, nous avons traité tous les points importans de la queſtion ; & comme ſur chacun nous avons combattu MM. les
Adminiſtrateurs de la Compagnie, & confirmé les raiſons
alléguées dans notre premier Mémoire, nous oſons dire que les
trois pieces que nous venons de raſſembler contiennent
l'inſtruction entiere de la cauſe, & que ce ne ſeroit qu'une
perte de temps inutile, que d'attendre de nouvelles pieces à
joindre au procès, pour le juger.

Pour hâter une déciſion ſi importante, & que prévient l'o-
pinion publique, nous finirons par retracer de nouveau l'é-
tat d'oppreſſion où le privilége de la Compagnie tient les
établiſſemens nationaux dans l'Inde, & le Commerce de
tout le Royaume ; car ce tableau tout ſeul ſuffiroit pour déterminer l'Adminiſtration.

Ecoutons d'abord les plaintes des habitans de Pondichéry,
conſignées récemment dans un Mémoire préſenté au Gouverneur général des établiſſemens françois dans l'Inde, &
remis aux Miniſtres du Roi.

« Nous habitons, diſent-ils, une ville qui a douze cents
toiſes de longueur, huit cents de largeur, & quatre mille
toiſes de circonférence. Quelque délabrement qu'ait pu lui
faire éprouver le malheur des temps, Pondichéry n'en eſt pas
moins une des plus grandes & des plus belles villes de l'Aſie.
Nos biens ſont nos maiſons, notre reſſource eſt notre induſtrie. L'arrêt qui établit la Compagnie des Indes, nous empêche de la mettre en activité ».

« Depuis 1748, nous avons éprouvé, à diverſes repriſes,
tous les malheurs qu'entraîne la guerre. En 1761 nos établiſſemens ont été ruinés de fond en comble, nos maiſons

rafées ; les hommes enlevés , les femmes & les enfans difper-
fés dans les Colonies étrangeres. Le rétabliſſement n'a eu
lieu que quatre ans après ; les débris de toutes ces familles
ont formé une nouvelle Colonie. Une liquidation telle que
la fituation de la Compagnie a pu la permettre , a été établie ; on s'eſt foumis fans murmure à la néceſſité. Les familles qui n'avoient point entierement fuccombé à ces
défaſtres, fe font occupées de les réparer ».

« Nous commencions enfin à refpirer , lorſque les hoſti-
lités ont éclaté en 1778 ; alors nos biens & nos poſſeſſions
ont été de nouveau expofés à tous les dangers d'une guerre
longue, qui nous a retenus pendant fix ans fous une domination étrangere ».

« Nous avions lieu de nous flatter qu'après des malheurs ſi
conſtans le Gouvernement nous tendroit une main fecoura-
ble ; mais notre attente a été trompée, & nous avons vu,
avec autant de douleur que d'étonnement , que le nom de notre
ville n'eſt pas même prononcé dans l'arrêt de l'établiſſement
de la Compagnie. Cependant la teneur de cet arrêt nous interdit déformais le Commerce avec l'Europe, & reſtreint,
d'une maniere cruelle pour nous , le Commerce d'Inde en
Inde ».

« Quant au Commerce avec l'Europe, depuis le rétabliſſement du Pavillon à Pondichéry en 1785, nous avions
tourné nos vues de ce côté ».

« Les fuccès avoient répondu à nos travaux ; nous commencions à en recueillir les fruits, lorſque la nouvelle Compagnie eſt venue nous priver de cette reſſource. Nous fuppo-
fons que, pour nous en dépouiller, les Directeurs actuels ont
repréſenté que le nouvel établiſſement de leur Compagnie

répondoit à l'ancien, puifque fous l'ancien régime, les habitans de Pondichéry étoient privés de la liberté que nous réclamons aujourd'hui ».

« Mais l'on fe tromperoit beaucoup, fi l'on vouloit affimi-
ler la Compagnie actuelle à l'ancienne, dans ce qui nous
touche principalement. Celle-ci employoit à fon fervice ci-
vil & militaire généralement tous les François établis dans
l'Inde ; celle-là les exclut & n'en admet aucun ; elle envoie
d'Europe quelques perfonnes néceffaires à la geftion de fon
Commerce, & prive de toutes reffources les Sujets du Roi,
établis, depuis nombre d'années, dans les lieux où elle
exerce un privilége plus étendu que celui de l'ancienne ».

« Nous avons d'auffi juftes raifons de réclamer contre la
nouvelle Compagnie, relativement au Commerce d'Inde en
Inde, puifque fon privilége exclufif s'étend fur la mer Rouge
& le Japon ; extenfion d'autant plus odieufe, que nos intérêts y font facrifiés, fans aucun avantage pour la Compagnie,
fans compter que notre Commerce avec toute l'Inde fe trouve
néceffairement affecté de toutes les gênes fous lefquelles on
opprime celui des Ifles de France & de Bourbon ».

« D'après des confidérations fi puiffantes, nous fommes dans
la ferme efpérance qu'on adoucira notre fort, qu'on nous
laiffera réparer les pertes que la guerre nous a caufées, en
nous accordant, d'une part, la permiffion de continuer nos
envois en France, comme nous y avons été autorifés depuis
la ruine de l'ancienne Compagnie, & qu'on nous laiffera
la liberté entiere du Commerce d'Inde en Inde, fans reftric-
tion ; demande d'autant plus jufte & plus digne d'être écou-
tée, malgré les prétentions de la nouvelle Compagnie,
qu'aucune Nation de l'Europe n'interdit ce Commerce aux

(128)

habitans de fes établiffemens dans l'Inde , & qu'il eft ouvert
à tous les autres Peuples de l'Europe ; tandis que , d'un autre côté , la Compagnie ne peut tirer aucun avantage de notre
exclufion, la modicité de fes capitaux ne pouvant jamais lui
permettre de mettre à profit cette navigation , qui , bien en-
tendue , pourroit occuper à elle feule autant de fonds & de
vaiffeaux qu'en emploie la Compagnie en totalité ».

Telles font les plaintes , & , ce qui eft plus fort que des
plaintes , tels font les faits articulés dans le Mémoire des habitans de Pondichéry ; faits qui ne peuvent laiffer aucun doute
fur les fuites funeftes du privilége dans cette partie de nos
établiffemens nationaux dans l'Inde. Voyons actuellement
quel eft l'effet du privilége fur les Ifles de France & de
Bourbon.

Nous ne fommes pas affez heureux pour avoir entre les
mains une piece femblable à celle que nous venons de rapporter , écrite fur les lieux par ceux-là même qui fouffrent
l'oppreffion dont ils fe plaignent. Mais qu'il nous foit permis
de faire parler les habitans des Ifles de France & de Bourbon,
comme ils parleroient eux-mêmes , & en évitant foigneufe-
ment toute exagération , bien inutile quand on fe plaint de
maux fi graves & fi réels.

Notre Ifle de France , peuplée de fes premiers habitans
françois en 1720 , avoit été donnée à la Compagnie , & ou-
bliée par elle pendant quinze ans entiers , fans qu'on fît rien
pour la défricher & la peupler. Ce ne fut qu'en 1735 que la
Compagnie , après avoir délibéré long-temps fi elle garde-
roit cette poffeffion , fe détermina à la conferver ; grand
exemple des vices d'une adminiftration de Compagnie exclufive ,

five , qui a pu méconnoître les avantages si manifestes de notre sol , de nos ports & de notre situation ».

« Le célebre & malheureux la Bourdonnais conçut alors
l'idée d'en faire un entrepôt de Commerce, & en même
temps un centre de forces nationales pour la défense de nos
établissemens & la protection du Pavillon François dans
l'Inde. Ce double projet l'occupa toute sa vie ; & quoiqu'il
ne considérât l'Isle, relativement au Commerce, que comme
l'entrepôt de la Compagnie, on voit bien que , par toutes les
circonstances qui la rendoient telle , elle étoit aussi propre à
servir , de la même maniere , le Commerce libre , avec tous
les avantages que l'état de liberté peut avoir pour le Royaume
& pour nous ».

« Ces deux projets sont toujours entrés depuis parmi les
motifs présentés au Gouvernement d'ouvrir le Commerce de
l'Inde aux entreprises de tous les Négocians du Royaume ».

« Quoi de plus naturel en effet que d'établir dans notre
Isle des magasins approvisionnés de toutes les marchandises de
l'Asie, par des vaisseaux armés à l'Isle de France, & de marchandises d'Europe, par des vaisseaux françois? Là, les Armateurs François viendroient chercher les toiles de la côte de
Coromandel, les salpêtres du Bengale , les cafés de Moka,
les thés de la Chine , &c. Une navigation moins longue &
moins dangereuse , de moindres risques à courir, de moindres retards à essuyer pour la rentrée de leurs fonds , les
mettroient en état de donner à leur Commerce une étendue
& une activité jusqu'à présent inconnues, en établissant des
relations régulieres & suivies entre l'Europe & nos Isles ».

« En même temps , la portion de ce Commerce qui restoit
entre nos mains , c'est-à-dire , la relation entre l'Inde & nos

R

Iſles, devenoit plus facile & moins couteuſe que celle des
Européens. Une économie conſidérable de frais ſe trouvoit
dans l'emploi des Matelots Indiens, dont les ſalaires ſont à
un taux bien inférieur à celui des équipages d'Europe : on
épargnoit ſur-tout une grande deſtruction de Matelots François dans des voyages ſi longs, & dans des climats tels que
ceux du Bengale & de l'Arabie, dont l'intempérie eſt funeſte aux Européens ».

« Notre Iſle, devenue le centre de cette double navigation, auroit vu bientôt ſe vivifier ſa culture, ſe multiplier
ſes beſtiaux & ſes productions de toute eſpece ; elle eût eu
d'abord une plus grande quantité de produits de ſon ſol à
donner aux vaiſſeaux françois, en échange des marchandiſes
de France ; elle ſe fût formé des capitaux, & auroit bientôt
attiré d'Europe des maiſons de Commerce qui en auroient
accru la maſſe. Ces capitaux auroient donné bien promptement
plus d'étendue à nos expéditions, & il eſt impoſſible de dire
où pouvoit s'arrêter la proſpérité de nos Iſles dans ce ſyſtême
de liberté ».

« Qui ne voit, d'un autre côté, que cette proſpérité condui-
ſoit tout naturellement & infailliblement à remplir l'autre
partie du plan expoſé ci-deſſus ? Le Roi ayant fait une fois
dans nos Iſles les dépenſes de ſouveraineté & d'entretien de
forces militaires, nos Colonies étoient en état de fournir à la
Métropole, en cas de guerre, des moyens certains
de défenſe & d'attaque, un point de réunion, un lieu
d'approviſionnemens, un aſile pour nos eſcadres, des Matelots Indiens comme ceux que M. de Suffren a ſi heureuſement employés dans ſes campagnes de la guerre derniere,
enfin tous les ſecours qu'il eſt ſi difficile aux Puiſſances

européennes de fe procurer dans un fi grand éloignement ».

« Ce plan, fi fage & fi avantageux pour le Royaume comme
pour nous , commençoit à s'exécuter; nos relations avec la
France fe refferroient de jour en jour ; les expéditions fe
multiplioïent ; la liberté du Commerce d'Afie avoit déjà fixé
parmi nous beaucoup de Négocians, qui, faifant le Commerce
d'Inde en Inde, & employant une affez grande quantité de
navires de moyenne grandeur , portoient dans l'Inde des
denrées & marchandifes d'Europe apportées dans notre Ifle
par des Armateurs François, & rapportoient à ceux-ci des
toiles, & les diverfes productions de toutes les parties de
l'Afie ».

« La création de la nouvelle Compagnie eft venue arrêter
ces progrès , & ruiner nos efpérances, en nous rendant le
Commerce de l'Afie déformais impraticable , ou trop difficile
& trop défavantageux, & en rompant en grande partie nos
liaifons avec l'Europe ».

« Il eft dit , dans l'arrêt de fon établiffement, que nos Ifles
ne feront point comprifes dans fon privilége exclufif : mais ;
d'une part, on nous défend d'importer les marchandifes d'Europe dans aucune des parties de l'Inde comprifes dans l'é-
tendue du privilége, c'eft-à-dire , felon l'énumération faite
dans l'article III, *aux côtes orientales d'Afrique, à Madagafcar,
aux Maldives , dans la mer Rouge, au Mogol , à Siam , à la Co-
chinchine , à la Chine , au Japon* , & généralement *à toutes les
mers des Indes au delà du Cap de Bonne-Efpérance.* On ajoute
à cette prohibition celle de porter aucune marchandife de
l'Inde dans les ports de France , ni aux côtes occidentales
d'Afrique, ni aux Colonies de l'Amérique ».

R 2

« En bonne foi, en nous afferviffant à des reftrictions fi gê-
nantes & fi nombreufes, comment a-t-on pu dire que nous ne
ferions point compris dans le privilége de la Compagnie?
Quel Commerce peut donc nous refter, lorfque nous ne pouvons porter ni les marchandifes d'Europe dans la plupart des
marchés d'Afie, ni celles de l'Inde en Europe, en Afrique
& en Amérique » ?

« Il eft bien clair que, fous l'empire d'une pareille légifla-
tion, nous n'avons plus d'autre matiere de notre Commerce
que les feules productions de notre fol. La partie que nous en
pouvons employer en achats de denrées & marchandifes d'Europe deftinées à notre propre confommation, ne peut nous
fournir qu'à cet échange même. L'excédant actuel, ou que
nous pouvons obtenir avec le temps, foit en denrées de nos
Ifles, foit en capitaux apportés chez nous, ne peut plus avoir
aucun emploi, puifqu'il ne pourroit nous fervir ni à acheter
des denrées d'Europe, pour les porter en Afie, ni à acheter
des marchandifes de l'Afie, pour les vendre aux vaiffeaux
françois que le privilége de la Compagnie empêche de s'en
charger. Nous n'avons donc aucun moyen d'employer cette
portion de nos denrées & de nos capitaux, & c'eft ce qu'on
appelle nous avoir laiffé la liberté du Commerce de l'Afie &
du commerce de l'Europe! Il faut avouer que c'eft là un étrange
abus des mots ».

« Ces mêmes prohibitions rendent encore illufoire la liberté
qu'on nous laiffe, dit l'arrêt, de faire le Commerce d'Inde en
Inde. En effet, le premier fonds de ce Commerce ne peut
être qu'en marchandifes d'Europe, dont nous trouverions un
débouché auffi fûr qu'avantageux au Royaume, dans tel ou
tel port de l'Inde où nous chargerions des marchandifes du

pays, pour les porter à un autre port, & ainsi d'une échelle
à l'autre; car c'est en cela que consistent les opérations du
Commerce d'Inde en Inde; mais dans cette route à parcourir,
le privilége nous empêche de faire le premier pas,
en nous défendant de porter des marchandises de France
dans les parties de l'Inde comprises dans le privilége de la
Compagnie, & qui embrassent presque toute l'Inde, tandis
que nos propres denrées ne font nullement propres à être
portées aux Indiens ».

« Qu'on considere encore que nous ne pouvons entreprendre & suivre le Commerce d'Inde en Inde, sans avoir un débouché pour les retours que ce Commerce nous laisseroit à
placer; mais ce débouché nous est fermé par la disposition
du même article V, qui défend d'admettre dans les ports du
Royaume, ni dans ceux de nos Colonies d'Amérique, &
qui va jusqu'à nous interdire la liberté de porter aux côtes
occidentales de l'Afrique toutes les marchandises & productions de l'Inde ».

« Enfin, comme on nous interdit aussi absolument toute navigation à la mer Rouge, l'échelle la plus favorable au Commerce d'Inde en Inde, nous laissons à juger si les promoteurs du privilége ont pu dire, avec quelque pudeur, que le
Commerce d'Inde en Inde resteroit libre aux habitans des
Isles de France & de Bourbon ».

« Et combien encore cette exclusion ne devient-elle pas
odieuse, lorsqu'on en compare l'extrême rigueur à l'indulgence des autres Compagnies de Commerce ! La Compagnie
Danoise n'exclut en effet aucun habitant de ses Colonies du
Commerce avec le Danemarck; le Portugal en agit de même
envers ses Sujets dans ses établissemens de l'Inde; de sorte

qu'il eſt vrai que de toutes les tyrannies exercées par les Compagnies excluſives , la plus oppreſſive eſt celle de la nouvelle Compagnie ».

« Qu'eſt-il beſoin de dire , après cela, que la partie politique & militaire du plan de l'adminiſtration de nos Iſles ,
tombe à terre avec notre Commerce, détruit par le monopole ? De quel ſecours vraiment efficace peuvent être des
établiſſemens ſoumis à un monopole deſtructeur ? De quelle
utilité pouvons-nous être à notre Métropole , dans une
guerre, qui, tout éloignée qu'elle eſt des intentions du Roi,
& peut-être des maximes d'une ſage politique, eſt, après
tout, au nombre des événemens qu'il faut prévoir, & pour
leſquels un ſage Gouvernement doit ſe précautionner » ?

« C'eſt cependant pour la Compagnie nouvelle, & par elle,
que tant d'intérêts ſont foulés aux pieds. Ces triſtes vérités
ont été miſes cent fois ſous les yeux du Public & du Miniſtere ;
mais jamais le Public ne leur a donné, par ſon opinion, une
ſanction ſi ſolennelle qu'aujourd'hui, & jamais le Miniſtere
n'a été plus diſpoſé à ſe conduire ſur les traces des vérités
une fois reconnues : celles-ci n'ont jamais pu être que diſſi-
mulées, & jamais contredites ; elles ſont la condamnation ir-
réfragable du privilége dont nous nous plaignons. Nous
nous flattons qu'elles n'auront plus beſoin d'être répétées ,
& que la conviction qu'elles auront opérée amenera enfin le
retour à l'ordre & à la juſtice , en nous rendant nos droits &
notre liberté ».

Si ce ne ſont là les paroles des habitans des Iſles de
France & de Bourbon, ce ſont leurs ſentimens que nous
avons rendus avec fidélité.

. Il nous reſte à préſenter ici les plaintes des Négocians régnicoles., c'eſt-à-dire, les nôtres.

Peut-on d'abord n'être pas frappé de leur perſévérance & de leur unanimité ? Eſt-ce donc ſans de bonnes raiſons, qu'autoriſés par nos concitoyens, nous venons de tous les ports & principales villes du Royaume, nous plaindre de l'oppreſſion ſous laquelle le privilége de la Compagnie tient captifs nos fonds & notre induſtrie ? Quel motif pouvons-nous avoir de demander la liberté, qui ne ſoit en même temps pour le Gouvernement une raiſon déciſive de nous la rendre ? C'eſt ſans doute notre intérêt, celui de nos familles, celui de nos commettans, qui nous anime; mais cet intérêt n'eſt-il pas en même temps celui de l'Etat & de la Nation ?

Il eſt ſans doute poſſible qu'en quelque cas l'intérêt des Commerçans ſoit diſtinct de l'intérêt national; car celui-ci s'identifie toujours avec celui des producteurs & des conſommateurs qui forment le corps de toute Nation; & il n'eſt pas impoſſible que l'intérêt des Négocians ſoit contraire, au moins paſſagerement, à celui des producteurs, conſidérés comme vendeurs, & des conſommateurs, conſidérés comme acheteurs; mais cette oppoſition ne peut avoir lieu que lorſque la légiſlation du Commerce donne aux Négocians quelques moyens extraordinaires & non naturels d'acheter des producteurs à trop bas prix, & de vendre trop cherement aux conſommateurs.

C'eſt ſur-tout lorſqu'elle donne à un petit nombre d'hommes un privilége excluſif qui dépouille tous les autres citoyens de leurs droits légitimes; *producteurs* dont le monopole limite la vente & avilit les productions; *conſommateurs,*

pour qui les objets de leurs confommations font renchéris ;
commerçans enfin, dont l'induftrie eft entravée & les capitaux oififs. Et peut-on fe diffimuler que ce font là autant de
funeftes effets du privilége de la Compagnie ; effets qu'on ne
retrouve jamais dans l'état naturel du Commerce, qui n'établit aucune oppofition entre l'intérêt des Commerçans, & celui de tous les autres ordres de la Société ?

Mais qu'avons-nous befoin de chercher, dans l'unanimité
de nos réclamations & dans la nature de nos relations avec
nos concitoyens, la preuve de l'injuftice du privilége de la
Compagnie envers nous ? N'eft-il pas évident que ce privilége nous dépouille de nos droits ?

On nous interdit le Commerce de l'Inde, pour l'attribuer
à un petit nombre de privilégiés ; mais fous une Adminiftration équitable, nous ofons demander de quel droit ? Le
Commerce n'eft - il pas un champ dont la culture appar-
tient à toute la Nation ? Et fauf des circonftances politiques,
fingulieres, & rares, pour lefquelles on peut admettre des exceptions, tout citoyen n'a-t-il pas le droit d'appliquer à ce
genre d'entreprife fes talens & fes moyens ; & le devoir du
Gouvernement, après le foin de maintenir la bonne foi, l'exécution des conventions, & les lois communes de la police
publique, n'eft-il pas de favorifer l'entier & libre dévelop-
pement de cette induftrie ? N'eft-ce pas là l'état naturel ou
plutôt focial ? Et pour que le Gouvernement le trouble, ne
faudroit-il pas qu'il eût des preuves claires comme le jour,
d'un grand avantage à obtenir, ou d'un grand mal à éviter
pour la Nation ? & certes ces preuves on ne les a pas eues
pour établir la nouvelle Compagnie. On a donc commis une
injuftice envers nous, en nous interdifant le Commerce de
l'Inde,

l'Inde , que nous exercions fous la garantie de la foi publique & de la prote&ion des lois , & que nous exercions fans
bleffer les droits d'aucun de nos concitoyens.

On prétend nous avoir laiffé le Commerce aux Ifles de
France & de Bourbon ; mais qui ne voit qu'on en a diminué
l'étendue de maniere à le détruire pour nous plus d'à moitié?
Que nous refte-t-il du Commerce avec ces Ifles, lorfque nous
fommes réduits à faire nos retours de leurs feules denrées ,
& que nous ne pouvons ni leur fournir aucunes marchandifes
d'Europe qu'il leur foit permis d'exporter dans l'Inde , ni
recevoir d'elles aucunes marchandifes de l'Inde , qu'il nous
foit permis de rapporter en Europe ? Ces deux prohibitions
combinées ne refferrent-elles pas ce Commerce dans des
limites fi étroites, qu'il faut le regarder comme perdu pour
nous & pour la Nation , fauf la portion qu'en exploitera la
Compagnie à la maniere dont tout Commerce eft conduit par
le monopole ?

Et quel temps a-t-on pris pour donner cette atteinte à la
liberté du Commerce national ? Celui où tout prétexte étoit
déformais enlevé aux fauteurs les plus obftinés du monopole
du Commerce de l'Inde ; celui où une expérience de quinze
années rendoit fenfibles à tous les efprits la poffibilité & les
avantages d'un Commerce de l'Inde fans Compagnie à privilége exclufif.

Nous n'avions rien négligé en effet pour mettre à profit
la liberté qui nous avoit été rendue. Jufqu'à trente navires
expédiés pour l'Inde en une feule année , armés dans des
temps couvenables , & du nombre d'hommes néceffaire ,
exportant plus de productions du fol & de l'induftrie du
Royaume , que n'a jamais fait l'ancienne Compagnie , & que

S

ne fera & ne pourra jamais faire la nouvelle , fept millions
de capital verfés dans ce Commerce par une feule Ville
(Marfeille) en une feule année , des agens établis fur les
lieux, en un mot , toutes les précautions prifes pour donner
à ce Commerce toute l'étendue & la confiftance dont il eft
fufceptible, & ces précautions fuivies de fuccès, de ventes
abondantes, de profits , &c.

C'eft dans ces circonftances, c'eft au milieu de ces fuccès,
conftatés par le relevé de nos expéditions & de nos ventes,
contrôlé par la perception du droit d'indult (auquel nous
étions foumis fans murmurer , & qui rapportoit à la Nation & au revenu public une fomme annuelle de 1 5 à 1 800
mille liv.), c'eft au milieu de ces fuccès, prouvés encore par
la continuation de ces mêmes expéditions , qu'on prétendoit
devoir nous être impoffibles, qu'un arrêt rendu fans nous entendre, fans contradicteur, fans formes légales, nous a chaffés
de toute l'Afie , pour attribuer à une Compagnie nouvelle ce
même monopole dont la Nation fe croyoit à jamais délivré.
N'y auroit-il donc, en Adminiftration, rien de fixe ? N'y a-
t-il plus de vérités en matiere d'économie publique ? & les
principes font-ils mobiles au gré d'un Adminiftrateur , &
paffagers comme fon adminiftration ?

Ce n'eft pas même affez, pour la nouvelle Compagnie ,
que le monopole ordinaire des Compagnies exclufives ; elle
a renchéri fur toutes leurs rigueurs ; elle nous traite plus
durement qu'aucune Compagnie étrangere ne traite les Négocians non privilégiés de fa Nation & les Etrangers.

Les Compagnies étrangeres reçoivent , dans leurs comptoirs de l'Inde , des expéditions des Nations étrangeres , en
les foumettant feulement à quelques droits. La Compagnie

Portugaife permet à des vaiffeaux françois des envois à Goa, & a modéré même nouvellement les droits qu'elle leur faifoit payer ; mais ce même vaiffeau, trouvé dans les mers des Indes par les vaiffeaux de la Compagnie, fera confifqué avec fes effets & marchandifes.

Non, Meffieurs, dirons-nous aux Adminiftrateurs & partifans de la nouvelle Compagnie, le temps eft paffé d'établir de pareilles vexations, & même de les foutenir quand elles font établies. Un monopole auffi odieux eft vraiment de l'autre fiecle ; on ne peut pas le fupporter dans celui-ci. Le Gouvernement refpecte trop aujourd'hui les droits des citoyens. Déjà feize ans fe font écoulés, depuis qu'une Adminiftration éclairée, après un examen réfléchi, a condamné ce fyftême d'oppreffion. Si vous l'avez fait adopter de nouveau dans un temps de défordre, nous efpérons qu'on reviendra avec empreffement aux maximes dont on s'eft écarté, & qui font bien plus véritablement celles du Gouvernement, que les principes d'un miniftere paffager, qui a laiffé après lui tant de ruines à réparer & tant de maux à guérir.

Il eft bien temps fans doute qu'une Adminiftration fage & bienfaifante, dont toutes les démarches annoncent l'équité & l'amour de l'ordre, faffe ceffer tant d'injuftices, & que cette fauffe politique, qui croit trouver la richeffe & la grandeur des Etats dans la violation des droits des citoyens, dans des priviléges accordés à quelques particuliers, aux dépens de toutes les autres, foit à jamais abandonnée à l'oubli dont elle eft digne.

C'eft l'inftante fupplication, & en même temps l'efpérance des Négocians députés des principales villes & ports du

Royaume, autorifés chacun par leur Chambre de Commerce refpective, & porteurs de Mémoires préfentés à l'Adminiftration, fignés du plus grand nombre, & des principaux Négocians de chaque, pour demander la révocation du privilége exclufif accordé à la nouvelle Compagnie des Indes, & la liberté à tous les Négocians de reprendre leurs expéditions, & de les fuivre comme ils ont fait depuis la deftruction de l'ancienne Compagnie jufqu'à la création de la nouvelle.

LES DÉPUTÉS

DE MARSEILLE.
DE ROUEN.
DE LYON.
DE MONTPELLIER.
DE DUNKERQUE,
DE BORDEAUX.

DE TOULOUSE.
DE LA ROCHELLE.
DE NANTES.
DE L'ORIENT.
DU HAVRE.

Faute à corriger.

Page 48, *ligne* 4, 60 tonneaux, *lifez* 600.

www.ingramcontent.com/pod-product-compliance
Lightning Source LLC
Chambersburg PA
CBHW071943100426

42737CB00046BA/1970